AF533082

Florian Schauren & Nora Görg

SAFRAN SUMACH PAPRIKA

Rezepte und Reisegeschichten
von den Karpaten bis zum Kaspischen Meer

stiebner

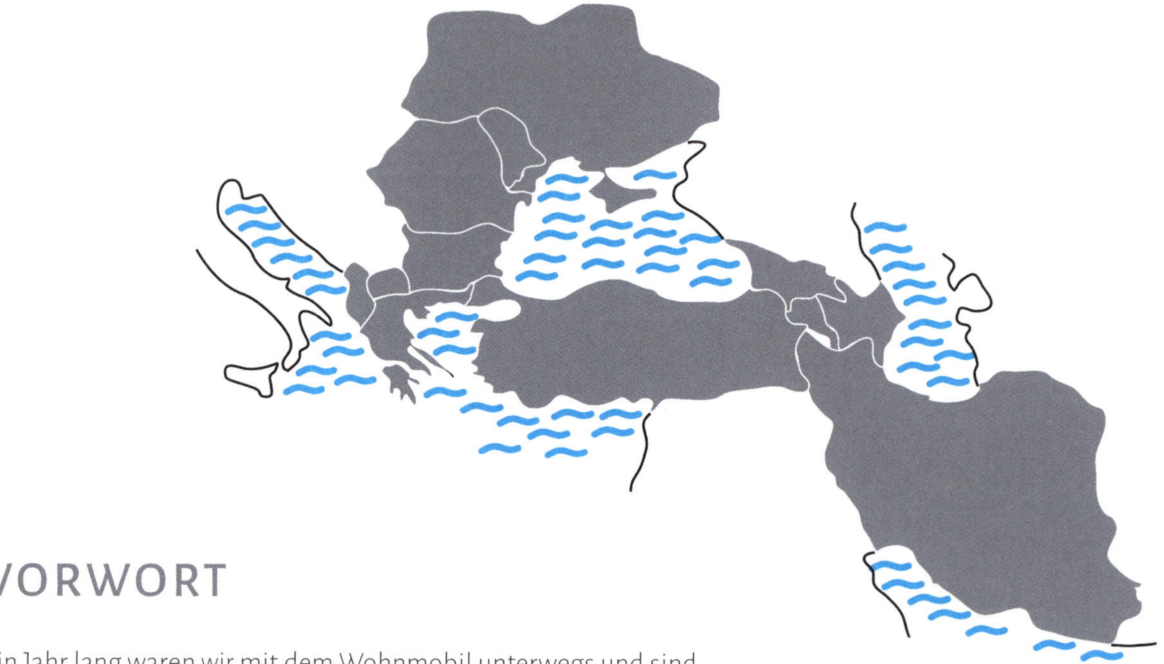

VORWORT

Ein Jahr lang waren wir mit dem Wohnmobil unterwegs und sind durch Südosteuropa, die Kaukasusregion und Vorderasien bis in den Iran gefahren. In diesem Buch erzählen wir von persönlichen Begegnungen, von der großartigen Natur – und von unseren Streifzügen über die Märkte.

Wieder zu Hause, haben wir Rezepte, die uns unterwegs begegnet sind, nachgekocht, verfeinert und an unser Zutatenrepertoire angepasst – mit viel Fingerspitzengefühl, damit sie authentisch bleiben. Herausgekommen sind 40 überwiegend vegetarische Rezepte.

Willkommen auf unserer Reise und guten Appetit!

ÜBER UNS

Im Jahr 2019 kündigten wir beide unsere Jobs und schauten stattdessen ein Jahr lang rumänischen Hausfrauen in die Töpfe, schlenderten auf der Suche nach neuen Gewürzen über iranische Basare und ließen uns von türkischen Marktfrauen fremdes Gemüse andrehen.

Florian Schauren, Jahrgang 1982, arbeitete nach seiner Kochlehre in der gehobenen Gastronomie und zuletzt als Küchendirektor bei einer Unternehmensberatung. Inzwischen ist er Gastronomischer Leiter im Kloster Arenberg bei Koblenz.

Nora Görg, geboren 1987, ist Psychotherapeutin und Dozentin und trat die Reise als frisch gebackene Doktorin der Psychologie an. Die wichtigeren Fertigkeiten für die Reise waren aber ihr früherer Studentenjob als Burgführerin und ihre rudimentären Türkischkenntnisse.

INHALT

GRIECHENLAND

Olivenhain an der Küste
der Peloponnes

ES GEHT LOS!

Bibbernd liegen wir in der ersten Nacht unserer Reise in unserem Fiat Ducato, Baujahr 1992. Das Fahrzeug kühlt schon nach wenigen Minuten aus, denn so ganz ohne Dämmung kann es die kleine Gasheizung nicht mit dem Allgäuer Winter aufnehmen. Wir schauen auf einen schneebedeckten Parkplatz und hoffen, dass es auf der Peloponnes, an der südlichen Spitze Griechenlands, etwas gemütlicher wird.

Schnell ziehen wir die Wintermäntel an, verabschieden uns von Noras Vater und düsen weiter. Nach Zwischenstopps in Bozen und Venedig übernachten wir in einer Autoschlange auf dem Fährhafen von Fusina. Unser Schlaf wird jäh beendet, als die Einschiffung von den routinierten Hafenmitarbeitern lautstark angekündigt wird.

Unsere vage Idee, für eine Weile im Wohnmobil zu leben, nimmt mit unserem Aufbruch endlich Gestalt an. Nach mehreren Monaten, in denen wir vor allem mit profaner Bürokratie und dem Auszug aus unserer Wohnung beschäftigt waren, kehrt nun die Vorfreude zurück. Die Route haben wir noch nicht festgelegt. Dass wir in Griechenland starten, war eine spontane Idee, nachdem wir die Videos der Reiseblogger von Mankei-Travel gesehen haben.

▲ Noras Vater verabschiedet uns in Burgberg im Allgäu

▸ Unser Fiat Ducato in den schneebedeckten Alpen

▸ Polaroid und einsamer Kanal: Zwischenstopp in Venedig

▸ Land in Sicht: Mit der Fähre laufen wir auf Patras zu

GRIECHISCHE WÄRME

Die Peloponnes empfängt uns im März dann tatsächlich mit mildem Klima, Sonnenschein, bunten Blumenteppichen und einer leckeren Vielfalt an frischem Gemüse. Die Bauernmärkte und Straßenstände sind ein Paradies für die Vegetarierin Nora, die in den kleinen griechischen Tavernen nur eine sehr überschaubare fleischlose Auswahl vorfindet. Auch urtümliche Sorten wie wilder Spargel landen in Griechenland in unseren Kochtöpfen (S. 20). Das Gros der griechischen Hauptspeisen enthält jedoch Lamm, Schwein oder Rind.

Wir nutzen die tollen Produkte und das super Wetter, um die Grillsaison schon im März zu eröffnen. Auf den Tellern landet, was wir auf Märkten oder an Straßenständen finden. Deshalb grillen wir geschmacksintensive Auberginen, die wir zu Melitzanosalata verarbeiten (S. 18). Gekocht wird, sooft es geht, draußen auf dem Feuer: das Outdoor-Erlebnis schlechthin! Ganz nebenbei bleiben die Räucheraromen und Fettspritzer so außerhalb des Wohnmobils ... Florian nutzt am liebsten den praktischen Dutch Oven, einen gusseisernen Topf. Darin bereitet er eine griechische Bohnensuppe (Fasolada) zu. Der frische Fisch vom Markt brutzelt daneben mit gedünsteten Zwiebeln und Zitronenscheiben. Unsere Parkplatznachbarn, zwei Kletterer aus Österreich, freuen sich über eine Einladung zum Essen. Als Dankeschön helfen sie uns beim Holzsammeln.

▼ Während es in Deutschland noch kalt ist, blühen in Griechenland die Krokusse bei angenehmen Temperaturen

▲ Polaroid: Auf einer Wanderung im Pindos-Nationalpark

▲ Eine der unzähligen kleinen Tavernen

▸ Kochen mit dem Dutch Oven

▾ Vorbereiten von Artischocken (Rezept S. 17)

DAS BESONDERE PRODUKT

Mehrere Wochen lang baumelt ein Bündel **Bergtee** von der Decke unseres Wohnmobils herab und verliert seine gelben Blüten und silbrigen Blätter. Den griechischen Bergtee entdecken wir später in einem hippen Berliner Delikatessenladen wieder.

▲ Frühlingshafte Blumenwiese

▸ Schafe lieben die kräuterreichen Weiden.

▸ Wilder Thymian an griechischen Berghängen

WILDE KRÄUTER

Beim Wandern werden wir immer wieder von herrlichen Düften betört, die wir sonst nur aus winzigen Streuern in unserem Gewürzregal kennen. Kräuterbüsche wachsen überall wie Gestrüpp am Wegesrand. Ein netter älterer Herr, der sich einen großzügigen Vorrat an Oregano, Rosmarin und Thymian zulegt, lässt auch uns an den reichhaltigen Schatzkammern seines Landes teilhaben. Noch ehe wir protestieren können, hat er uns mithilfe seiner Axt bereits ein paar dicke Zweige herausgeschlagen. Sie werden uns den Rest unserer Reise die Speisen verfeinern.

Ist es schlechtes Karma? Die Natur schlägt jedenfalls wenige Minuten nach dieser Begegnung zurück – in Form eines Bienenschwarms, der uns attackiert und mehrmals sticht.

ZITRONEN-ROSMARIN-KOMPOTT

Wir kamen mit den ersten Sonnenstrahlen auf die Peloponnes – gerade noch rechtzeitig zur Hauptsaison der Zitrusfrüchte. Um das frische Aroma zu konservieren, eignet sich dieser sauer-herbe Kompott. Das Rezept funktioniert ausschließlich mit unbehandelten Zitrusfrüchten, da die komplette Frucht mit all ihren ätherischen Ölen verwendet wird.

3 Bio-Zitronen

3 EL Zucker

1 kleine Zwiebel, in feine Würfel geschnitten

1 TL Senfsaat

2 Zweige Rosmarinblätter, fein gehackt

½ TL Salz

½ TL weißer Pfeffer, geschrotet

1. Die Zitronen heiß abwaschen und trocken reiben. Die Früchte halbieren und den Saft auspressen. Die restliche Schale so fein wie möglich in Würfel schneiden, dabei die noch vorhandenen Kerne aussortieren.
2. Den Zucker mit dem Zitronensaft in einen Topf geben und unter Rühren so lange einköcheln, bis der Zucker karamellisiert. Jetzt die Zwiebelwürfel hinzugeben und die Hitze zurückschalten, um die Zwiebelwürfel leicht glasig zu braten. Zitronenwürfel, Senfsaat, Rosmarin, Salz und Pfeffer zugeben, mit 200 ml Wasser aufgießen und bei geschlossenem Deckel ca. 25 Minuten lang sanft köcheln lassen. Verdunstet zu viel Wasser, muss noch etwas nachgegossen werden.
3. Das fertige Kompott sofort in heiß ausgespülte Schraubgläser geben und mindestens eine Woche lang durchziehen lassen.
4. Angebrochen hält es bis zu 6 Wochen im Kühlschrank. Es passt hervorragend zu den Zucchinipuffern (S. 14).

ZUCCHINI-TOMATEN-PUFFER MIT PAPRIKADIP
Kolokithokeftedes

Das Originalrezept verzichtet auf getrocknete Tomaten, die dieser Variante jedoch eine ganz besonders würzige Note geben. Wer etwas Besonderes ausprobieren möchte, serviert die Puffer zusätzlich mit einem Klecks des wunderbaren Zitronen-Rosmarin-Kompotts (S. 13), das allerdings ein paar Tage vorher hergestellt werden sollte, damit es durchziehen kann.

FÜR 12 STÜCK ODER 4 PORTIONEN ALS VORSPEISE

FÜR DIE PUFFER
2 Zucchini
1 TL Salz
50 g getrocknete Tomaten
2 Frühlingszwiebeln
50 g Paniermehl
1 TL Backpulver
1 Ei
½ Bund Basilikum
1 Bund Dill
2 Zweige Minze
½ Zitrone
1 TL abgeriebene Zitronenschale
Pfeffer
3 EL Sonnenblumenöl

FÜR DEN DIP
200 g Feta
100 g griechischer Joghurt
2 Knoblauchzehen
1 EL Olivenöl
1 EL Rotweinessig
1 rote Chilischote
1 grüne Spitzpaprikaschote
½ Bund Oregano, gehackt
Salz
weißer Pfeffer

1. **Für die Puffer** die Zucchini auf einer Kastenreibe grob reiben, das Salz untermischen und die Masse in einer Schüssel etwas stehen lassen, sodass die Zucchini Wasser zieht. Anschließend auf ein Sieb geben und die entstandene Flüssigkeit gut ausdrücken.
2. Die getrockneten Tomaten in Streifen schneiden, die Frühlingszwiebeln putzen und in dünne Ringe schneiden, danach beides unter die Zucchinimasse mischen. Zunächst Paniermehl und Backpulver, anschließend das Ei und zuletzt die grob gehackten Kräuter zugeben und gut vermischen. Zum Schluss alles mit dem Saft einer halben Zitrone, Zitronenabrieb, Salz und Pfeffer abschmecken. Vorsicht, durch das Salz, das man am Anfang in die geraspelten Zucchini gegeben hat, ist die Masse schon gut gewürzt und man benötigt nur noch wenig zusätzliches Salz.
3. Die Puffermasse muss jetzt mindestens 30 Minuten lang stehen, damit die Aromen der Kräuter und Gewürze sich entfalten können und damit das Paniermehl etwas Zeit hat, die Masse zu binden.
4. Anschließend Sonnenblumenöl in einer Pfanne erhitzen. Mithilfe eines Esslöffels kleine Portionen der Zucchinimasse in die Pfanne setzen und leicht platt drücken. Von jeder Seite braten, bis die Puffer schön gebräunt und knusprig sind. Lassen sich die Puffer nicht gut wenden, kann man die restliche Masse in der Schüssel noch mit mehr Paniermehl binden.
5. **Für den Dip** den Käse in eine Schüssel bröckeln und mit dem Joghurt gut verrühren. Es dürfen ruhig noch ein paar Brocken vom Fetakäse zu sehen sein. Die Knoblauchzehen schälen, fein schneiden und zusammen mit dem Olivenöl und dem Essig unter die Masse rühren.
6. Die Chili fein hacken, die Spitzpaprika vom Kerngehäuse befreien und in feine Würfel schneiden. Beides unter den Dip rühren. Zum Schluss mit frisch gehacktem Oregano, Salz und weißem Pfeffer abschmecken.
7. Das Gericht schmeckt kalt oder warm als Vorspeise sowie als Hauptgericht – dann die angegebenen Mengen einfach verdoppeln.

ÜBERBACKENE MINI-ARTISCHOCKEN

mit Schnittlauch-Ei-Dip

Die Artischocke fristet in Deutschland ein klägliches Dasein – vielen ist sie nur als Pizzabelag bekannt. Und auf der Pizza landet sie meist erst, nachdem sie durch das Einlegen in einer Konservendose bereits jeglichen Geschmack und jegliche Festigkeit verloren hat. Auf unserer Reise haben wir jedoch großen Gefallen an dem außerordentlichen Gemüse gefunden, das wir (nicht nur in Griechenland) ganz frisch kaufen können. Unser Rezept ist von der griechischen Küche und ihren Zutaten inspiriert. Es eignet sich auch zum Grillen.

FÜR 4 PORTIONEN ALS VORSPEISE

1 Zitrone
4 Mini-Artischocken
3 Scheiben Weißbrot, ohne Rinde
1 Zwiebel
2 Knoblauchzehen
2 EL Olivenöl
30 g schwarze Oliven (Kalamata)
50 g Feta
1 Ei
3 Zweige frischer Oregano
Salz
Pfeffer

FÜR DEN DIP

3 Eier
4 EL Olivenöl
½ Bund Schnittlauch
1 TL weißer Essig
Salz
Pfeffer

1. **Für die Artischocken** den Saft einer halben Zitrone in eine große Schüssel mit reichlich Wasser geben. Das Zitronenwasser wird benötigt, damit sich die geputzte Artischocke nicht bräunlich verfärbt.
2. Die Artischocke auf ein Brett legen und das obere Drittel mit einem Sägemesser abschneiden. Nun die Artischocke am Stiel festhalten und mit einem kleinen Küchenmesser nur die äußeren harten Blätter am oberen Ende der Artischocke abschneiden, bis der helle Teil vom Artischockenboden sichtbar wird. Mit dem Küchenmesser den Stiel putzen, also die äußere Schale entfernen. Abschließend noch das untere Ende des Stiels abtrennen. Die Artischocken der Länge nach halbieren und in das Zitronenwasser legen.
3. Zum Zubereiten der Füllmasse das Weißbrot in kleine Würfel schneiden und in einer heißen Pfanne zunächst ohne Öl knusprig rösten. Jetzt die Zwiebel und den Knoblauch fein würfeln. Das Olivenöl zu den Brotwürfeln in die heiße Pfanne geben. Brotwürfel, Zwiebel und Knoblauch zusammen anbraten. Am Schluss die schwarzen Oliven fein hacken und ebenfalls in die Pfanne geben.
4. Die Masse in eine Schüssel umfüllen und kurz abkühlen lassen. Danach den Feta, in Stücke gebrochen, sowie das Ei und den gehackten Oregano zugeben und alles gut vermischen. Mit Salz, Pfeffer und dem Saft der übrigen Zitronenhälfte abschmecken.
5. Als Nächstes die vorbereiteten Artischockenhälften mit der Schnittfläche nach oben auf ein Backblech mit Backpapier legen. Jeweils 1 EL der Füllmasse auf die Artischocken geben und bei 170 °C ca. 25 Minuten lang überbacken.
6. **Für den Dip** die Eier 10 Minuten lang hart kochen und in kaltem Wasser abschrecken.
7. Die hart gekochten Eier pellen und das Eigelb herauslösen. Eigelb und Olivenöl mit einem Schneebesen glatt rühren. Anschließend das Eiweiß klein hacken. Den Schnittlauch in kurze Röllchen schneiden und mit dem Eiweiß unter die Eigelbmasse rühren. Zum Schluss den Dip mit weißem Essig, Salz und Pfeffer abschmecken.

GERÄUCHERTER AUBERGINENDIP
Melitzanosalata

Typisch für dieses Rezept ist die geräucherte Note. Deshalb empfehlen wir die Zubereitung auf dem Holzkohlegrill, Gasgrill oder direkt in der Glut. Der Dip passt gut zu Fladenbrot und zu Gegrilltem aller Art.

FÜR 4 PORTIONEN

4 Auberginen
4 Knoblauchzehen
1 Bio-Zitrone, Saft und Abrieb
4 EL Olivenöl, gute Qualität
1 TL Salz oder Räuchersalz (wenn man die Auberginen nicht in der Glut gart)
1 TL schwarzer Pfeffer
½ Bund glatte Petersilie, gehackt

1. Zunächst mit einer Gabel Löcher in die ganzen Auberginen stechen.

Auf dem Holzkohlegrill oder im offenen Feuer

2. Die Auberginen regelmäßig wenden, sodass alle Seiten gar werden. Das dauert auf dem Grill ca. 20 Minuten, in der Glut ca. 10 Minuten.

Im Backofen

2. Die Auberginen ca. 30 Minuten lang im vorgeheizten Backofen bei 220 °C (Ober-/Unterhitze) garen.

Bei allen Methoden gilt: Die Auberginen müssen komplett weich sein. Die Haut darf dabei Blasen werfen.

3. Die gegarten Auberginen etwas abkühlen lassen und das weiche Fruchtfleisch mithilfe eines Löffels aus der Schale schaben. Das Fruchtfleisch in ein Sieb geben, damit die Flüssigkeit etwas abtropft.
4. Die Knoblauchzehen schälen und fein hacken. Das Auberginenfruchtfleisch mit einem großen Kochmesser zu einem stückigen Püree hacken. Den Zitronensaft und etwas abgeriebene Zitronenschale dazugeben. Olivenöl, Salz, schwarzen Pfeffer und gehackte Petersilie untermischen.
5. Vor dem Servieren am besten noch einige Zeit durchziehen lassen, damit sich das Aroma voll entfalten kann.

BUNTES RÜHREI

mit Wildspargel, Tomaten und Frühlingszwiebeln

Am Straßenrand verkauft eine ältere Dame grüne dünne Stangen mit Köpfchen, die an Ähren erinnern. Wir kaufen einen Bund des Wildspargels, denn die Delikatesse aus Südeuropa ist eine Seltenheit. Draußen vor dem Wohnmobil bereiten wir dann auf dem Feuer ein einfaches Gericht zu, das den charakteristischen Geschmack des Gemüses zur Geltung bringt.

FÜR 4 PORTIONEN

8 Eier

250 g Wildspargel (alternativ grüner Spargel)

3 Tomaten

1 Bund Frühlingszwiebeln

1 EL Olivenöl

1 EL Butter

Salz

weißer Pfeffer

1. Die Eier aufschlagen, in ein Gefäß geben, leicht salzen und pfeffern und mit einer Gabel verquirlen.
2. Wildspargel ist so zart, dass er nicht geschält werden muss. Es reicht, die unteren holzigen Enden zu entfernen (ca. 1 cm). Nun die Stangen in gröbere Stücke schneiden.
3. Den Strunk der Tomaten entfernen und das Fruchtfleisch dann in große Würfel schneiden. Die Frühlingszwiebeln in feine Ringe schneiden.
4. Eine große Pfanne hoch erhitzen, das Olivenöl hineingeben und den Spargel scharf anbraten. Die gerösteten Spargelstücke mit Salz und weißem Pfeffer würzen und sofort die Tomaten zugeben, damit der Spargel nicht verbrennt. Weitergaren, bis die Tomaten Flüssigkeit abgeben.
5. Nun die Hitze der Pfanne zurückdrehen und bei mittlerer Hitze erst die Butter hinzufügen. Wenn diese geschmolzen ist, die Eimasse in die Pfanne füllen. Die Eimasse kurz stocken lassen und dann stetig mit einem Rührspatel hin- und herschieben. Das Rührei ist fertig, wenn es nicht mehr flüssig ist, aber noch glänzt.
6. Das Gericht nun noch einmal mit Salz und frisch gemahlenem weißem Pfeffer abschmecken und mit den fein geschnittenen Frühlingszwiebeln garnieren.

ALBANIEN

Albanische Berglandschaft
im Norden des Landes

▸ Im Gebirge Mali i Gjerë im Süden des Landes

▾ Solche Bunker aus der Hoxha-Diktatur wie hier am Ohridsee finden im ganzen Land vielfältige Verwendung

◂ Die Ura e Mesit nahe Shkodra, eine ottomanische Bogenbrücke aus dem 18. Jh.

▾ Polaroid: Besuch der Ruinenstadt Butrint

EIN LAND IM ÜBERGANG

Albanien wird als Reiseziel vor allem bei Kletterern immer beliebter. In den dörflichen Regionen ist der Tourismus jedoch noch nicht angekommen. Die Straßen sind vor allem in Grenznähe mit tiefen Schlaglöchern übersät, über die wir uns Meter für Meter langsam vorkämpfen. Es ist die erste sprichwörtliche Zerreißprobe für unsere Stoßdämpfer (und noch lange nicht die letzte)! Mitten auf einer Straße fehlt sogar ein Kanaldeckel, sodass ein metertiefes Loch zur Falle für jeden Autoreifen werden würde. Wir wundern uns aufgrund der Straßenverhältnisse über die vielen schick herausgeputzten und polierten Mercedes-Kombis, die auf den Pisten unterwegs sind.

SCHNAPS UND GEMÜSE

Wir fahren in ein Bergdorf im Naturpark Shebenik-Jabllanice und sind dort als Reisende die Ausnahme. Umso herzlicher werden wir empfangen. Zwei Schuljungen, ihr Vater und zwei weitere Dorfbewohner führen uns stolz in ihr winziges Heimatmuseum, das sich in der Grundschule befindet. In dem kleinen Raum zwischen den Klassenzimmern sind neben traditioneller Kleidung auch alte Musikinstrumente ausgestellt. Die Männer erklären uns mit Händen, Füßen sowie einem Online-Übersetzungsprogramm, was im Mini-Museum gezeigt wird. Florian sorgt für Stimmung, als er eine kleine Einlage auf einem der Saiteninstrumente gibt.

Nora setzt sich zusammen mit den Jungs auf die Schulbank. Unter Gelächter posieren sie gemeinsam für ein Foto. Die Verständigung gelingt ohne Worte!

Im Anschluss gibt es Schnaps in einer sehr einfachen Gaststätte voller älterer rauchender Männer. Dies ist ein Vorgeschmack auf viele ähnliche Etablissements, die wir von Albanien bis in die Türkei sehen werden.

Schnaps und ältere Männer – auf diese Kombination treffen wir auch auf einem Bauernmarkt am Straßenrand. Neben landwirtschaftlichem Zubehör und jeder Menge Plastikwaren aus China verkaufen Einheimische dort ihr selbst angebautes Gemüse: Salat, Kräuter, Spinat und Paprika gibt es hier im Überfluss. Was im Sommer nicht gegessen wird, kommt ins Einmachglas (S. 34).

Vor einem Lieferwagen werden getrocknete Hülsenfrüchte direkt aus großen Säcken verkauft. Anlass für uns, die Taschen vollzupacken – wie noch viele Male auf ähnlichen Märkten während unserer Reise. Albanien ist ein Land der Kleinstbauern und Selbstversorger. Für Letztere hält der Markt auch flauschige Hühnerküken in Umzugskartons bereit.

An einem Stand preisen uns zwei ältere Herren ihren selbst gebrannten Schnaps an, den sie in gebrauchten PET-Flaschen verkaufen. Gerne nehmen wir eine Kostprobe, woraufhin die Männer um ein Erinnerungsfoto bitten. Umständlich geben sie uns anschließend die Handynummer eines der Enkel. Dass man die Fotos mit dem Handy irgendwie verschicken kann, haben sie nämlich mitbekommen.

Der gekaufte Schnaps soll uns auf der Reise noch ein Weilchen begleiten und macht es uns immer wieder warm ums Herz – wie auch so manche Begegnung in diesem großartigen Land.

▸ Die Bergwelten Albaniens haben es uns besonders angetan. Sie ziehen mehr und mehr Kletterer an, sodass von Geheimtipp an einigen Orten schon nicht mehr die Rede sein kann

▸ In einem Vorgarten fallen uns diese kreativen Pflanztöpfe aus Bierkästen auf

▸ In den Straßen von Gjirokastra, einer Kleinstadt im Süden des Landes

BIRRA KORÇA
BIRRA KORÇA
BIRRA TIRANA

DIE ZIEGENAUTOBAHN

In Albanien genießen wir leckeren Schafskäse, der auch im Krelan-Rezept (S. 33) verewigt ist. Doch nicht nur Schafe weiden überall, auch Hühner und Ziegen sind in den kleinen Höfen der Selbstversorger in den Bergen zu finden. Wie die Herden an ihr Futter kommen, erleben wir in einem Bergdorf zwischen Gjirokastra und Saranda.

Wie so oft übernachten wir auf einem Friedhofsparkplatz. Dort ist nachts genug Platz, wir stören niemanden und es ist naturgemäß ruhig. Aus unserem Fenster blicken wir auf das Dorf, das an einem Hang unterhalb eines herrlich grünen Vorgebirges liegt.

Bei Morgengrauen werden wir von lautem Gemecker geweckt. Schlaftrunken schauen wir ins Dorf und erblicken ein episches Schauspiel: Aus allen Höfen strömen Ziegen auf die Dorfstraße. Sie vereinigen sich zu einer beachtlich großen Herde und ihr Meckern wird immer lauter. Die Tiere laufen hinter zwei jungen Hirten in die Berge, anscheinend einem natürlichen Herdentrieb folgend.

Auch wir werden die Berge erklimmen. Allerdings erst, nachdem wir uns noch ein paar Stündchen Schlaf gegönnt haben.

◂ Auch bei den Thermalbädern Banjat e Bënjës bei Përmet hören wir nahe unseres Wohnmobil-Stellplatzes das sonore Gemecker einer Ziegenherde

GESCHMORTE SPITZPAPRIKA IN SCHMANDSAUCE

Speca me Maze

Das erste Rezept beginnt mit einer Überraschung: italienischer Käse in einem albanischen Gericht? Aber kulinarische Traditionen beginnen und enden natürlich nicht mit den Landesgrenzen. Die albanische Küche erinnert uns an das, was bei den griechischen Nachbarn auf den Tisch kommt. Und viele Produkte finden sich im gesamten Balkan und in der Türkei: Kaschkawal-Käse oder gefüllte Paprika etwa. Auch seinen italienischen Nachbarn ist das Land nicht nur geografisch, sondern auch kulturell nah – und das nicht erst seit der italienischen Besetzung im Zweiten Weltkrieg. Wir nutzen für unsere Version von Speca me Maze deshalb bewusst Parmesan für die extra Würze.

FÜR 3 PORTIONEN

6 kleine hellgrüne Spitzpaprikaschoten
1 EL Olivenöl
1 Knoblauchzehe, fein geschnitten
200 ml Sahne
150 g Schmand
100 g Parmesan, gerieben
30 g Butter
Salz
schwarzer Pfeffer

1. Den Backofen auf 250 °C (Ober-/Unterhitze) vorheizen. Die Paprikaschoten auf ein Backblech mit Backpapier legen und ca. 15 Minuten lang grillen, bis die Haut teilweise schwarze Bläschen wirft.
2. Anschließend alle Schoten unter einer Schüssel ca. 15 Minuten lang schwitzen lassen, damit die Haut sich leichter lösen lässt. Nach dem Ablösen der Haut werden die Stielansätze sowie das Kerngehäuse von oben her entfernt, die Schoten aber im Ganzen belassen.
3. Nun etwas Olivenöl in einer Pfanne erhitzen und die Paprikaschoten sowie die Knoblauchzehe kurz darin anbraten. Die Sahne angießen und kurz einkochen lassen, bis die Sauce durch das Reduzieren etwas Bindung bekommt. Die Hitze zurückdrehen und den Schmand unterrühren. Das Gericht sollte jetzt nicht mehr kochen.
3. Zum Schluss Parmesan und Butter unterrühren und alles mit Salz und Pfeffer abschmecken. Speca me Maze am besten heiß servieren.

SALZIGER SCHMARRN MIT SCHAFSKÄSE
Krelan

Dieses Gericht erinnert an eine salzige Variante des Kaiserschmarrns. Durch die reduzierte Sahne und die braune Butter bekommt das Gericht eine unwiderstehliche Tiefe und Vollmundigkeit.

FÜR 4 PORTIONEN

1 TL Salz
1 TL Backpulver
500 g Mehl
1 EL Pflanzenöl
200 ml Schlagsahne
100 g Schmand
100 g Butter
200 g Schafskäse
schwarzer Pfeffer

1. Den Backofen auf 250 °C (Ober-/Unterhitze) vorheizen.
2. Salz und Backpulver in 500 ml kaltes Wasser einrühren und nach und nach das Mehl unterrühren, bis ein klebriger Teig entsteht.
3. Eine beschichtete Auflaufform mit Pflanzenöl einfetten, den Teig einfüllen und ca. 30 Minuten lang backen, bis er gut gebräunt ist.
4. Die Auflaufform aus dem Ofen nehmen und den gebackenen Teig auf einen Teller geben. Nun ähnlich einem Kaiserschmarrn mit einer Gabel und einem Messer in kleine Stücke reißen. Gelingt das nicht, kann man den Teig auch auf einem Brett in kleinere Stücke schneiden.
5. Die Teigstücke in eine heiße Pfanne geben, kurz trocken anrösten und anschließend die Sahne angießen. So lange kochen, bis sie eindickt und Blasen wirft. Dann den Schmand unter die Masse rühren.
6. In einem separaten Topf die Butter leicht braun werden lassen und über das Gericht gießen.
7. Auf einem Teller anrichten, den Schafskäse darüberbröseln und mit frisch gemahlenem Pfeffer würzen.
8. Zu Krelan isst man sauer eingelegtes Gemüse (Turshi, S. 34).

SAUER EINGELEGTES GEMÜSE
Turshi

Sauer eingelegtes Gemüse, in der Saison geerntet, im Idealfall aus dem eigenen Garten: Das schmeckt nicht nur zu herzhaften Balkangerichten. Wir entdecken Variationen davon in allen von uns bereisten Ländern.

FÜR 3 GROSSE EINMACHGLÄSER (À 1 LITER)

1 Blumenkohl
4 Karotten
6 kleine Landgurken
2 rote Spitzpaprikaschoten
3 Lorbeerblätter
1 EL Senfkörner
1 EL Pfefferkörner
3 grüne Peperoni
1 EL Salz
500 ml weißer Essig

1. Zunächst die verschiedenen Gemüse vorbereiten: Den Blumenkohl in kleine Röschen teilen. Dazu die äußeren Blätter ablösen und den Strunk am Ansatz abtrennen, damit sich die Röschen besser lösen und einzeln herausbrechen lassen.
2. Die Karotten schälen und in ca. 1 cm dicke, schräge Scheiben schneiden.
3. Die Landgurken der Länge nach halbieren und ebenfalls in ca. 1 cm dicke, schräge Scheiben schneiden. Zuletzt die roten Spitzpaprika der Länge nach halbieren und den Stielansatz herausdrehen. Noch verbliebene Kerne sowie die weißen Trennhäute mit einem Messer entfernen. Die Spitzpaprika anschließend in Rauten schneiden.
4. Die verschiedenen Gemüse in einer großen Schüssel vermischen und in die zuvor heiß ausgespülten Einmachgläser füllen. In jedes Glas ein Lorbeerblatt, Senfkörner, Pfefferkörner, eine Peperoni sowie 1 EL Salz geben. Werden anstelle der 1-Liter-Gläser kleinere Einmachgläser genutzt, muss die Salzmenge entsprechend angepasst werden.
5. Essig (ein Drittel) und Wasser (zwei Drittel) werden aufgekocht und die Einmachgläser damit aufgegossen, fest verschlossen und so lange kühl gelagert, bis die Gewürze und der Essig richtig ins Gemüse eingezogen sind und das Gemüse etwas weich geworden ist. Dies dauert mindestens drei Wochen.

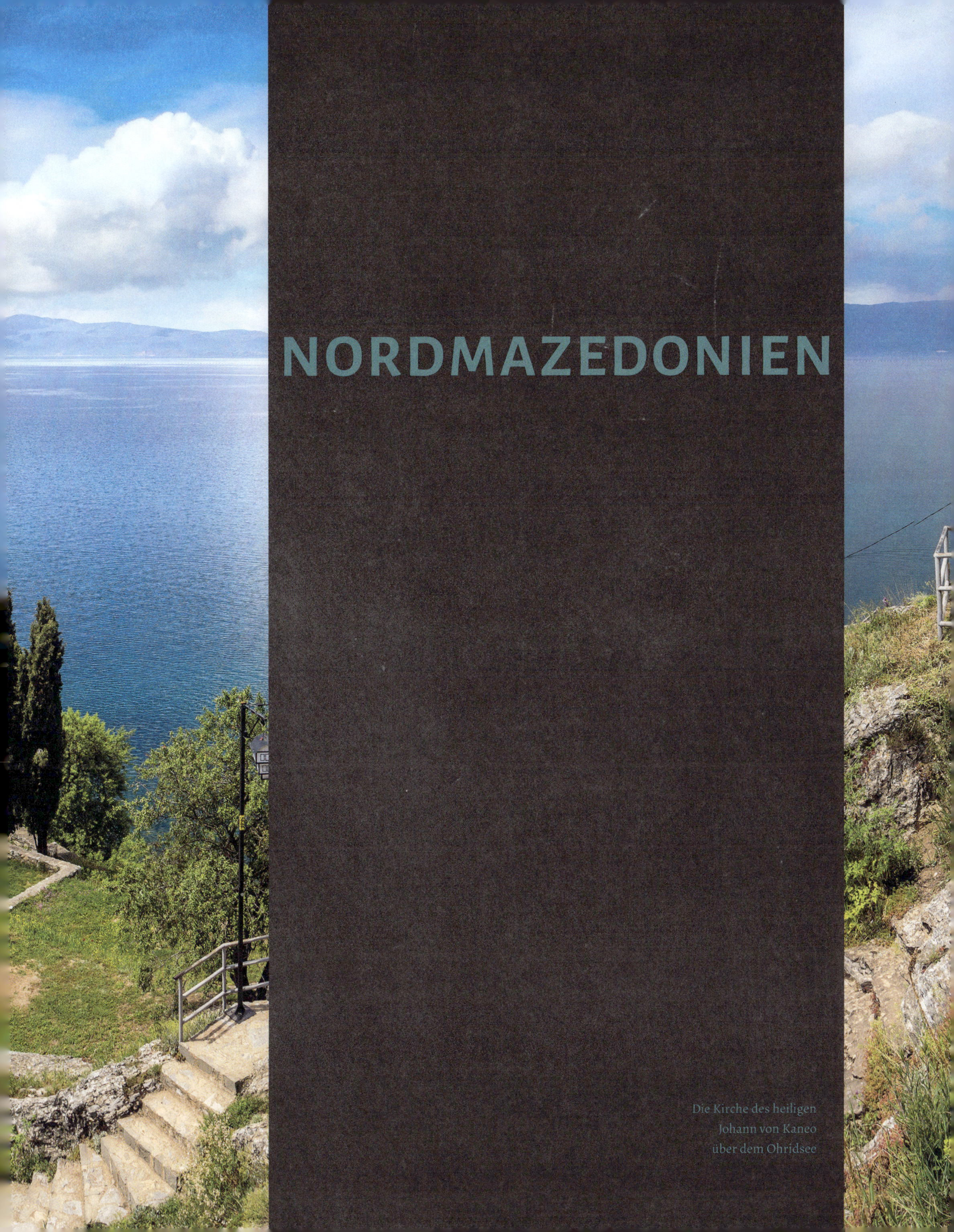

NORDMAZEDONIEN

Die Kirche des heiligen
Johann von Kaneo
über dem Ohridsee

BLAUER SEE IN GRÜNEM LAND

Nordmazedonien ist für uns eine kurze Zwischenstation auf dem Weg von Albanien nach Bulgarien. Wir sehen also nur einen Bruchteil des faszinierenden Landes.

Wir fahren aus Albanien am azurblauen Ohridsee entlang. Am Ufer stehen früh morgens ein paar Autos, aus deren Kofferraum Fisch verkauft wird. Die Fischer halten ihre riesigen Fänge werbewirksam in die Höhe, sobald ein Fahrzeug vorbeikommt. Bei der kostbaren Ware handelt es sich um die Ohridforelle – eine vom Aussterben bedrohte Art, die nur hier in diesem See heimisch ist.

◂ Der wunderschön gelegene Ohridsee ist das größte Gewässer Nordmazedoniens und grenzt auch an Albanien

▴ Fischer auf dem Ohridsee

▸ Fischerboote am Ufer nach einem Regenguss

OSMANISCHE SPUREN

Auf mazedonischer Seite übernachten wir hoch über dem friedlichen See und stürzen uns schon am nächsten Tag ins Getümmel der Hauptstadt Skopje. Der »Sowjet-Charme« atmet durch jede Pore dieser Stadt. Also freuen wir uns über Skulpturen und Street Art, die das Stadtbild allerorts aufwerten.

Wir schlendern durch das Basar-Viertel von Skopje, dessen Souvenir- und Goldschmuckgeschäfte sich ganz klar an eine wohlhabende ausländische Kundschaft richten. Hier bemerken wir auch zum ersten Mal den Einfluss des ehemaligen Osmanischen Reiches – architektonisch wie auch kulinarisch. Die Mustafa-Pascha-Moschee im Blick, genießen wir einen türkischen Tee in einer urigen Teestube. Wir schließen die Augen und fühlen uns fast nach Istanbul versetzt. Am Nebentisch unterhält sich eine Gruppe älterer Herren auf Türkisch: »Dollar« und »Lira« ist alles, was wir verstehen. Vielleicht sind sie Angehörige der türkischsprachigen Minderheit? Florian genießt noch einen starken türkischen Mokka, bevor wir uns wieder unter die Leute mischen.

▴ Handgemachte Teppiche mit traditionellen Mustern

▸ Plattenbau in Skopje

▸ Skopjes Basar-Viertel

DAS BESONDERE PRODUKT

Einen weiteren Vorgeschmack auf Istanbul geben uns die zuckersüßen türkischen Delikatessen, die im Basar-Viertel feilgeboten werden – zum Beispiel **Tulumba**, der in Fett frittierte und in Sirup getränkte Albtraum eines jeden Zahnarztes, der uns an spanische Churros erinnert.

ESSEN VERBINDET

Wir sinnieren darüber, dass Kulinarik offenbar keine Grenzen kennt. Gerade im Balkan stoßen wir auf universelle Speisen, die sich nicht klar einer bestimmten Länderküche zuordnen lassen. Kein Wunder angesichts der gemeinsamen Geschichte, in der der ehemalige Vielvölkerstaat Jugoslawien nur einen kleinen Abschnitt repräsentiert! Sind Pjleskavica, die mit Schafskäse gefüllten, gebratenen Frikadellen, nun nordmazedonisch, bosnisch oder serbisch? Sind die nordmazedonischen Kukurec, also gehackte Leber in Schafsdarm, Importware der Osmanen, die Kokoreç (gebratene Lamm-Därme) aßen? Und wer beansprucht die Urheberschaft des Ajvar, dem auch in Deutschland beliebten Paprika-Auberginen-Mus? Auch gefüllte Kohlblätter (Sarma, S. 102) finden wir in Griechenland, der Türkei und der gesamten Balkanregion.

◂ Ajvar wird aus gerösteten Paprikaschoten gemacht

▴ Tavče gravče, ein klassisches mazedonisches Gericht aus weißen Bohnen

▸ Typische Gartechnik im Balkan: Beim *sač* werden Fleisch und Gemüse gleichzeitig gegrillt und gedämpft

Auch das ist typisch für diesen Kulturraum: In den Schaufenstern hängen Fleischprodukte, die noch sehr nah am Urzustand des Schlachtviehs sind. Florian genießt eine Tonschale voller Tavče gravče (überbackene weiße Bohnen) in einem Imbiss am Straßenrand. Diesen Klassiker der nordmazedonischen Küche gibt es sowohl vegetarisch (S. 45) als auch mit verschiedenen Fleischsorten, etwa geräucherten Rippchen oder Speck.

ÜBERBACKENE WEISSE BOHNEN
Tavče Gravče

Der Geschmack der Zitrone in Kombination mit getrockneter und frischer Minze hat es uns bei dieser fleischlosen Version von Tavče gravče angetan. Das Wohlfühl-Essen macht warm ums Herz!

FÜR 3 GROSSE ODER 6 VORSPEISEN-PORTIONEN

250 g weiße Bohnen
2 Zwiebeln
2 Lorbeerblätter
2 Karotten, geschält, gewürfelt
¼ Knollensellerie, geschält, gewürfelt
2 Knoblauchzehen
4 EL Olivenöl
2 EL Mehl
1,5 EL Paprikapulver, süß
500 ml Gemüsebrühe
1 TL Minze, getrocknet
3 Spitzpaprikaschoten
3 Zweige Rosmarin
2 Zweige frische Minze
½ Bund Petersilie
2 Zitronen
Salz
Pfeffer

1. Die Bohnen über Nacht in reichlich Wasser einweichen.
2. Am Folgetag die Bohnen in einen Topf mit frischem Wasser füllen und zusammen mit einer geschälten halbierten Zwiebel, den Lorbeerblättern und etwas Salz aufkochen. Danach bei geringer Hitze ca. 35 Minuten lang köcheln lassen, bis die Bohnen weich sind. Nach etwa der Hälfte der Garzeit die Karotten- und Selleriewürfel dazugeben.
3. In der Zwischenzeit die zweite Zwiebel und den Knoblauch schälen, würfeln und in einer Pfanne mit Olivenöl glasig dünsten. Das Mehl hinzufügen und dieses goldgelb anrösten. Das Paprikapulver einrühren und anschließend die Gemüsebrühe in die Pfanne gießen. Mit getrockneter Minze, Salz und Pfeffer würzen.
4. Die Bohnen mit den Zwiebelhälften und dem Gemüse nach der Garzeit absieben und mit dem Inhalt der Pfanne vermischen. Alles zusammen wird nun in kleine Auflaufförmchen gefüllt – so haben wir es in den Imbissbuden Nordmazedoniens kennengelernt. Alternativ (aber weniger authentisch) funktioniert natürlich auch eine größere Form.
5. Die Auflaufförmchen mit jeweils einer der Länge nach halbierten Spitzpaprika und einem Zweig Rosmarin belegen und ca. 15 Minuten lang bei 250 °C (Oberhitze) überbacken. Das Gericht ist fertig, wenn die Paprika schön geröstet ist und sich eine knusprige Kruste über den Bohnen gebildet hat.
6. Das Tavče gravče wird mit frischer gehackter Minze, Petersilie und Zitronenstücken serviert. Dazu passt ein frisch gebackenes Weißbrot oder Fladenbrot.

GERÖSTETES SÜẞES MAISBROT

Der genügsame Mais gedeiht in Nordmazedonien hervorragend. Daher findet man hier sehr viel variantenreiches Gebäck oder Beilagen aus Maismehl.

FÜR 1 KASTENFORM

140 g Butter
55 g Zucker
2 Eier
325 ml Milch
5 g Salz
225 g Maismehl
100 g Weizenmehl
15 g Backpulver

1. Butter mit Zucker in einer Küchenmaschine weiß schaumig aufschlagen. Danach Eier, Milch und Salz langsam unterrühren. Nun Maismehl, Weizenmehl und Backpulver dazugeben und den Teig ca. 1 Minute lang verrühren.
2. Den Brotteig in eine gefettete Kastenform füllen und im vorgeheizten Ofen bei 200 °C (Umluft) ca. 45 Minuten lang backen. Ob das Brot durchgebacken ist, lässt sich mit einem kleinen Holzstab überprüfen: Bleibt beim Reinstechen kein Teig mehr daran kleben, ist es fertig.
3. Besonders gut schmeckt es, wenn die Brotscheiben auf den Schnittseiten in einer Pfanne ohne Öl etwas geröstet werden.

HERZHAFTES PAPRIKAGELEE

mit Thymian

Auf dem leicht süßlichen Maisbrot kommt das herzhafte Paprikagelee hervorragend zur Geltung.

ERGIBT 1 EINMACHGLAS (CA. 290 G)

1 kg rote Spitzpaprikaschoten
1 daumengroßes Stück Ingwer
1 TL schwarze Pfefferkörner
1 TL Meersalz
½ Bund Thymian
200 g Gelierzucker (1:1)

1. Strunk und Kerngehäuse der Schoten entfernen und die Paprika entsaften. Wer keinen Entsafter zur Hand hat, kann die Paprika auch fein mixen und durch ein Passiertuch oder ein Mulltuch geben, was ebenfalls einen klaren Saft ergibt. Aus 1 kg Paprika erhält man ca. 200 ml reduzierten Saft.
2. Den Saft mit grob geschnittenem Ingwer, Pfefferkörnern, Meersalz und Thymian in einem Topf kochen und um ungefähr ein Drittel reduzieren. Den Topfinhalt anschließend durch ein Passiersieb gießen.
3. Den Saft mit der gleichen Menge Gelierzucker vermischen und für 4 Minuten sprudelnd kochen.
4. Das Gelee direkt nach dem Kochen in heiß ausgespülte Marmeladengläser geben und diese fest verschließen.

BULGARIEN

Gebirgssee im Rila-Gebirge

DER SONNE SO NAH

Unser Besucher wirkt eigentlich wie ein ganz »normaler« Althippie. Als er mit seinem zotteligen Bart und den langen weißen Haaren aus seinem Bus steigt, ist er uns gleich sympathisch. Er spricht uns an einem öffentlichen Grillplatz im Rila-Gebirge in gebrochenem Deutsch mit österreichischem Akzent an.

Wir sind ganz froh über Gesellschaft.

Tagsüber waren wir voller Vorfreude von Panichishte aus in die Bergwelt gestartet, wo wir die berühmte und im Internet angepriesene »Sieben-Seen-Wanderung« selbst erleben wollten. Zusammen mit einigen Skifahrern nahmen wir den Lift nach oben, um unsere Kräfte für die vierstündige Wanderung zu sparen.

Da wir beide im Rheintal aufgewachsen sind, waren wir nicht darauf gefasst, in einem Skigebiet im März tatsächlich auf Schnee zu stoßen. Ziellos irrten wir zusammen mit ein paar ebenso naiven Wandernden – allesamt Städter aus Sofia – durch die Winterlandschaft. Die Wege waren von kniehohem Schnee bedeckt und nicht zu erkennen. Nach etwa einer Stunde, als wir laut Hinweisschild am ersten See ankamen, lag vor uns nur eine endlose weiße Landschaft. Nun endlich begriffen wir, dass sich die Seen einfach nicht mehr von ihrer Umgebung unterschieden. Sie waren vereist und unter Schnee verborgen. Die Wanderung war ein Reinfall!

Völlig erschöpft, da wir einen halben Tag lang durch tiefen Schnee gestapft waren, freuten wir uns über den Grillplatz unterhalb der Schneegrenze. Nora hatte Holz gesammelt und Florian Fleisch, gegrilltes Gemüse und Schopskasalat (S. 58) vorbereitet.

In Deutschland grillen die meisten Menschen am liebsten im eigenen Garten, während anderswo das gemeinsame Grillen im öffentlichen Raum zum Alltag gehört. In Osteuropa und der Türkei gibt es überall sehr schön gelegene öffentliche Grillplätze, zum Beispiel in Parks. Die Feuerstellen können von jedem genutzt werden, meist kostenlos.

◂ Farbenfrohe Fresken aus dem 19. Jh. im Narthex, der Eingangshalle der Klosterkirche

Für uns sind die Grillplätze eine gute Gelegenheit, um mit den Einheimischen ins Gespräch zu kommen. Ein deutsches Nummernschild weckt nämlich häufig Neugier. Oft werden bei solchen Treffen auch ein paar Leckereien ausgetauscht.

Unser Hippie hat jedoch kein Interesse an unserem Grillgut oder an unserer Reiseroute. »Ich folge der Sonne«, erklärt er uns mit leicht entrücktem Blick.

Wir können das, was wir nun hören, noch nicht richtig einordnen, merken aber schnell, dass unser Besucher ziemlich esoterisch unterwegs ist. Die Sonne ernähre ihn, erklärt er uns, denn sie habe alle möglichen Superkräfte. Er komme mehrmals im Jahr genau hierher, zu den sieben Seen, um der Sonne durch Tanz zu huldigen.

Irgendwann scheint er unseren skeptischen Blick zu bemerken und verschwindet mit seinem Bus so schnell, wie er gekommen ist. Im Nachgang recherchieren wir, dass unser Hippie höchstwahrscheinlich der »Universellen Weißen Bruderschaft« angehört, die sich einmal im Jahr im Rila-Gebirge versammelt, um mit Meditation und Tanz die Sonne zu ehren. Vegetarische Ernährung und regelmäßiges Fasten gehören zur Religionspraxis. Kein Wunder, dass unser Hippie die Einladung zum Essen ausgeschlagen hat.

Auch wir finden unter der kosmischen Strahlung der Sonne keine Ruhe: Den Grillplatz räumen wir nach der Essenszubereitung fix, da ein bedrohliches Donnergrollen naht und es ungemütlich stürmisch wird. Will es die Sonne uns Ungläubigen heimzahlen?

Nach all der Wildnis genießen wir die Besichtigung einer UNESCO-Welterbestätte: das Kloster des Heiligen Iwan von Rila, eine orthodoxe Klosteranlage im Rila-Gebirge mit Ursprüngen im 10. Jahrhundert.

WUNDERSAMER JOGHURT?

Das griechisch-bulgarische Rhodopengebirge mit seinen ursprünglichen Flusstälern zieht uns in seinen Bann. Stellenweise fühlen wir uns an den Schwarzwald erinnert.

Neugierig gemacht durch Fernsehberichte, reisen wir in das abgelegene Dorf Momchilovtsi. Ein gleichnamiges Produkt aus China wirbt mit der angeblich lebensverlängernden Wirkung des Joghurts nach bulgarischer Herstellungsweise. Das soll einen regelrechten Run chinesischer Touristen auf den kleinen Ort ausgelöst haben. Wir machen uns auf Reisebusse, Souvenirläden und Menschenmassen gefasst. – außer einigen chinesischen Hinweisschildern bemerken wir vom Joghurt-Hype aber nichts.

Lässt uns der bulgarische Joghurt jetzt länger leben? Wir wagen das nicht zu beurteilen und genießen eine Tarator, also eine Gurken-Joghurt.-Suppe, die eisgekühlt besonders erfrischt (S. 57). Die Vergleichbarkeit mit griechischem Tsatsiki zeigt einmal mehr, wie ähnlich auf der gesamten Balkanhalbinsel gekocht und gegessen wird.

▲ Verfallene Häuser in Weliko Tarnowo

▸ Kleine Einblicke ins Alltagsleben von Bachkovo

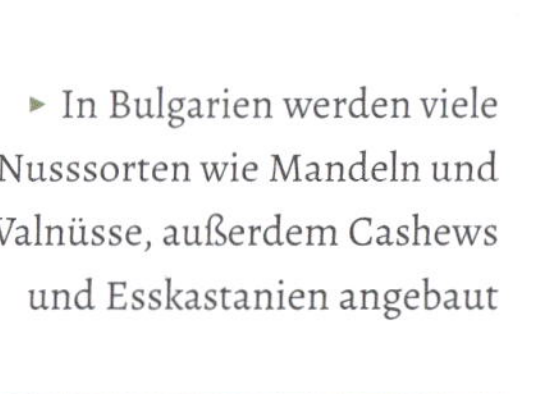

▸ In Bulgarien werden viele Nusssorten wie Mandeln und Walnüsse, außerdem Cashews und Esskastanien angebaut

▴ Kochen auf dem Feuer in einem einfachen Lokal. Hier wird Gjuwetsch zubereitet

▸ Das fertige Gericht – hier eine vegetarische Variante mit Käse

AUS DEM TONTOPF

Ein weiteres typisch bulgarisches Gericht, das sich im gesamten Balkan wiederfindet, ist Gjuwetsch (türkisch auch: Güveç). Damit wurde ursprünglich der Schmortopf bezeichnet, in dem alles landet, was der Gemüsegarten, der Markt oder der eigene Kühlschrank gerade zu bieten hat. Das »richtige« Rezept sucht man also vergebens. Paprika und Zwiebeln scheinen ein wiederkehrendes Thema zu sein, daneben können auch weitere Gemüsesorten sowie Käse, Fleisch- oder Wurststücke im Topf landen. Perfekte Resteverwertung!

DAS BESONDERE PRODUKT

Kaymak ist ein Milcherzeugnis – ein bisschen wie Frischkäse, aber viel schwerer. Er wird für herzhafte Speisen genauso verwendet wie für Desserts. Wir verwenden ihn im Baniza (S. 61). In bulgarischen oder türkischen Supermärkten sollte er zu bekommen sein, ansonsten eignet sich Frischkäse als Ersatz.

▲ Traditionell hergestelltes bulgarisches Brot

KALTE GURKEN-JOGHURT-SUPPE MIT WALNUSSKERNEN
Tarator

Tarator bekommt man in der gesamten Balkanregion und der Türkei als Vorspeise oder leichtes Mittagessen. Er eignet sich zum Dippen oder Löffeln.

FÜR 4 PORTIONEN

100 g Walnusskerne
2 Salatgurken
400 g Joghurt (3,5 % Fett), falls verfügbar bulgarischer Joghurt
4 Knoblauchzehen
4 Eiswürfel
1 Bund Dill
2 EL Olivenöl
1 TL Salz
schwarzer Pfeffer

1. Die Walnusskerne in einer Pfanne trocken rösten, bis sie schön braun sind.
2. Die Salatgurken waschen, nicht schälen, und eine Gurke grob raspeln. Die andere Gurke in grobe Stücke schneiden und zusammen mit dem Joghurt, den geschälten Knoblauchzehen, den Eiswürfeln und der Hälfte des Dills in einem Standmixer oder mit einem Pürierstab glatt mixen.
3. Die Suppe mit Olivenöl und Salz abschmecken und in Suppenschalen füllen.
4. Zum Anrichten geraspelte Gurken in die Mitte füllen, die gerösteten Walnusskerne obenauf geben und die Suppe mit frisch gemahlenem schwarzem Pfeffer und dem restlichen Dill garnieren.

TOMATEN-GURKEN-SALAT MIT SCHAFSKÄSE
Schopskasalat

Der Schopska-Salat zeigt mit weißem Schafskäse, grüner Gurke und roter Tomate die Farben der bulgarischen Flagge. Am besten schmeckt er im Sommer mit reifem Gemüse. Außerdem kommt dieser Salat ohne Essig aus, denn dieser würde den Geschmack der aromatischen Grundzutaten überdecken. Variationen des Salates finden sich in der gesamten Balkanküche – etwa als griechischer Bauernsalat. Für Vegetarier:innen auf Reisen eine sichere Bank in jeder noch so kleinen Dorfgaststätte!

FÜR 4 PORTIONEN

1 Salatgurke
1 rote Paprikaschote
4 Tomaten
1 Bund Frühlingszwiebel
½ Bund Petersilie, glatt
2 EL gutes Olivenöl
½ TL Salz
200 g bulgarischer Schafskäse (im gut sortierten Einzelhandel oder Spezialitätengeschäft)

1. Das Gemüse waschen und trocken reiben, um den Salat nicht zu verwässern.
2. Die Gurke der Länge nach vierteln und in größere Stücke schneiden. Die Paprika entkernen und ebenfalls grob schneiden. Die Tomaten achteln. Die Frühlingszwiebeln in dünne Ringe schneiden und die Petersilie grob hacken.
3. Alle Zutaten in einer Schüssel mit dem Olivenöl und wenig Salz vermischen. Den Schafskäse auf einer Kastenreibe grob reiben. In bulgarischen Gasthäusern werden meist alle Zutaten auf einem Teller aufgetürmt und der grob geriebene Schafskäse obenauf gestreut.

Tipp Der Salat sollte erst kurz vor dem Servieren angemacht werden, da er sonst verwässert und weniger frisch schmeckt.

HERZHAFTER KÄSESTRUDEL
Baniza

Diesen knusprigen Strudel mit verschiedenen Füllungen bekommt man in Bulgarien überall. Das Gericht ähnelt dem türkischen Börek. Statt fertigen Yufka-Teig zu kaufen, lohnt es sich, Geduld und Fingerspitzengefühl in die Herstellung des Teigs zu investieren.

FÜR 1 RUNDE BACKFORM (Ø CA. 28 CM)

FÜR DEN STRUDELTEIG
500 g Weizenmehl Type 550
1 TL Salz
1 EL weißer Essig
1 EL Pflanzenöl
zusätzlich etwas Mehl und Pflanzenöl

ALTERNATIV
ca. 350 g Yufka-Teigblätter, rechteckig (z. B. aus dem türkischen Supermarkt)

FÜR DIE FÜLLUNG
3 Eier
1 TL Natron
1 TL Salz
½ TL schwarzer Pfeffer
100 g zerlassene Butter
100 g Joghurt – falls verfügbar bulgarischer Joghurt
100 g Kaymak (S. 55), ersatzweise Frischkäse
300 g Salzlakenkäse von der Kuh (Hirtenkäse)
1 Zitrone
1 Eigelb zum Bestreichen

1. **Für den Teig** das Mehl mit 300 ml lauwarmem Wasser, Salz, Essig und Pflanzenöl in eine Rührmaschine mit Knethaken geben und mindestens 15 Minuten lang kneten. Der Teig sollte etwas feucht sein, sich samtig weich anfühlen und sich vom Schüsselrand lösen. Ist der Teig zu klebrig, vorsichtig noch eine geringe Menge Mehl zugeben. Alternativ kann man den Teig auch komplett mit der Hand bearbeiten.
2. Den Teig in eine geölte Schüssel legen und die Oberseite einölen, damit er nicht austrocknet. Die Schüssel mit einem Tuch abdecken. Jetzt muss der Teig sich mindestens eine Stunde lang bei Zimmertemperatur entspannen, damit er später schön dünn ausgezogen werden kann.
3. In der Zwischenzeit wird **die Füllung** zubereitet: Dazu die aufgeschlagenen Eier sowie Natron, Salz und Pfeffer in einer Rührschüssel oder Küchenmaschine dick schaumig rühren. Die lauwarme, zerlassene Butter, Joghurt und Kaymak hinzufügen und gut verrühren. Zum Schluss wird der Salzlakenkäse in die Masse gebröselt, der Saft einer Zitrone zugegeben und das Ganze vermischt.
4. Zum Ausziehen des Teiges benötigt man einen großen Tisch mit einem Tischtuch, das an den Seiten überhängt. Der Teig wird in die Mitte des bemehlten Tischtuchs gelegt und mit dem Nudelholz so dünn wie möglich ausgerollt. Danach den Teig über beide Handrücken spannen und ihn vorsichtig immer weiter von innen nach außen dehnen. Wieder auf das bemehlte Tischtuch legen. Jetzt wird der Teig leicht mit Öl bestrichen und immer weiter nach allen Seiten ausgezogen, bis er hauchdünn ist. Anschließend werden die dicken Teigränder weggeschnitten.
5. Den Backofen auf 185 °C (Umluft) vorheizen.
6. Um die Baniza fertigzustellen, die Füllung dünn auf den ausgezogenen Teig streichen und diesen mithilfe des Tischtuchs rasch zu einer Art Strudel einrollen: dazu durch Anheben des Tischtuchs eine Rolle aufwickeln. Gekaufter Yufkateig lässt sich meist unkompliziert mit den Händen rollen.
7. Danach den Strudel in Form einer Spirale in die eingefettete Backform legen und mit dem Eigelb, das mit Wasser verquirlt wurde, bestreichen. Ca. 35 Minuten backen, bis die Baniza goldgelb und knusprig ist.

TÜRKEI

Blick auf die südostanatolische Stadt
Mardin mit der Zinciriye-Medrese

▲ Verwinkelte Altstadthäuser im arabischen Stil. Mittendrin ragt die Kirche Mort Şmuni empor

MARDINS SCHÖNHEIT

Von der Sonne verwöhnt, schmiegt sich das alte Mardin malerisch an einen Hügel. Die steilen Gassen sind so eng, dass die Gemeinde eine Herde Esel als Fuhrpark für die Stadtreinigung hält. Vor den Terrassen der zahlreichen Cafés liegt die sandsteinfarbene Altstadt am Hang, darunter die Felder der mesopotamischen Ebene.

Gäste aus aller Welt müssten der beschaulichen Stadt eigentlich Tür und Tor einrennen. Doch Mardins geografische Lage könnte kaum ungünstiger sein: Nur 30 km sind es bis zur syrischen Grenze. In der nahe gelegenen Stadt Nusaybin schlugen 2019 während der Offensive der türkischen Armee gegen die YPG syrische Geschosse ein. Und so fahren die ausländischen Touristen lieber nach Istanbul oder Antalya statt nach Mardin.

▲ Kloster Deir az- Zafaran in der Nähe der syrischen Grenze

◂ Überall präsent: Vielfältige Brot- und Meze-Variationen

Sprachengewirr und religiöse Toleranz

In der Stadt erklingt ein babylonisches Sprachengewirr aus Türkisch, Arabisch, Kurdisch und Aramäisch – der Sprache der syrischen Christen, die auch Jesus gesprochen haben soll.

In einer der Kirchen lärmt und lacht eine Schulklasse und posiert für Fotos in christlicher Gebetshaltung. Der Ticketverkäufer am Eingang schmunzelt darüber. Noch vor ein paar Jahrzehnten hätten die Muslime in Mardin das Kirchengelände nicht betreten, da es *haram* (verboten) sei, erklärt er uns. Inzwischen sei das Interesse jedoch größer und die Gemeinde freue sich über den interreligiösen Dialog.

Im nahe gelegenen syrisch-orthodoxen Kloster Deir az-Zafaran nehmen wir an einer Führung und einem aramäischen Gottesdienst teil. Vier Mönche singen im Wechsel die Liturgie und bekreuzigen sich ziemlich häufig. Am Schluss schauen sie das Tabernakel an und küssen die Bibel. Ein Mönch, den wir danach ansprechen, verhält sich eher abweisend und fotografiert lieber den – zugegebenermaßen wirklich schönen – Sonnenuntergang mit seinem Smartphone.

Wir ziehen uns in unser Wohnmobil zurück, wo wir mit Erlaubnis des Pförtners die Nacht auf dem Parkplatz vor den Klostermauern verbringen. Wir blicken auf das nur 19 km weit entfernte Syrien. Spät am Abend klopft es an unserer Tür. Wir befürchten, der griesgrämige Mönch wolle uns vertreiben. Umso überraschter sind wir, als stattdessen der freundliche Pförtner mit zwei Portionen Suppe und Erişte-Nudeln (S. 72) vor unserer Tür steht. Anscheinend werden wir doch nicht als störende Eindringlinge betrachtet. Die türkische Gastfreundschaft ist unschlagbar!

DIE PISTAZIENSTADT GAZIANTEP

Am nächsten Morgen brechen wir Richtung Gaziantep auf. Seit Februar 2023 ist in dieser Region nichts mehr, wie es einmal war. Ein Erdbeben hat den Landstrich im türkisch-syrischen Grenzgebiet zerstört, Zehntausende Menschen getötet, Gaziantep in Trümmer gelegt. Unsere schönen Erinnerungen durchzieht heute eine traurige Nostalgie.

Auf unserer Reise beschäftigt uns eine andere Gefahr, die hier seit Jahren präsent ist: der Krieg in Syrien. Uns ist etwas mulmig, als wir dicht entlang der Grenze fahren. Bei der Routenplanung verlassen wir uns auf die Auskunft von Einheimischen und *jandarmen* (Militärpolizisten). Um einige Ziele – etwa Şanlıurfa, von wo aus die türkischen Luftangriffe nach Syrien starten – machen wir einen großen Bogen.

Unsere Tour durch die Osttürkei endet in der heimlichen kulinarischen Hochburg des Landes. Gaziantep ist für Pistazien, Süßspeisen und die Kombination aus beidem bekannt: Katmer. Das Gericht aus hauchdünnem Teig, Käse, Pistazien und Zucker ist eine kulinarische Offenbarung.

Statt des türkischen Schwarztees trinken wir hier gerne auch mal einen süßen Menengiç kahvesi (koffeinfreier »Kaffee« aus der Terpentin-Pistazie).

Ob in einer einfachen *lokanta* (Gaststätte), den Buffetrestaurants mit Mittagstisch, am Straßenimbiss, im hippen Restaurant oder in der Kantine eines Klosters – die kulinarische Vielfalt der Türkei begeistert uns.

Tomate, Paprika, Aubergine!

Oft werden abends in Kneipen Coversongs und traditionelle Lieder bunt gemischt gespielt, und ein Song fehlt dabei fast nie: »Domates, Biber, Patlican« von Barış Manço. Der türkische Liedermacher (1943–1999) begeistert auch junge Türken nach wie vor. In dem Lied geht es nicht wirklich um »Tomate, Paprika, Aubergine«, aber dass die Gemüsesorten als Refrain in einem Liebeslied auftauchen, sagt doch viel über die türkische Kultur aus!

▸ Pistazienkaffee Menengiç kahvesi

▾ Pistazien werden in Gaziantep überall verkauft

DAS BESONDERE PRODUKT

Scharfe Paprikaflocken (Pul biber) streut sich auch die deutsche Kundschaft gerne auf ihren Döner. Doch mit dem weinroten, feinen **Sumach** weiß hierzulande kaum jemand etwas anzufangen. Das Gewürz besteht aus den gemahlenen Früchten des Essigbaums und rundet zahlreiche Speisen ab (z. B. unsere scharfe Paprikapaste, S. 78)

DIE DREI BÄREN

Auf unserer Reise begegnen wir Meister Petz häufiger, als uns lieb ist: Ein tiefes Grummeln hinter dem Gebüsch, eine Tatzenspur im Sand, ein in den Wald flüchtender Schatten – uns rutscht jedes Mal das Herz in die Hose. Doch so nah wie im Krater des Nemrut Dağı bei Tatvan kommen wir den pelzigen Ungetümen nie mehr.

Der Tag beginnt harmlos mit einem Spaziergang durch die Caldera, wo uns eine fast biblische Szene erwartet: Fünf kurdische Wanderhirten weiden ihre mehrere Hundert Schafe umfassende Herde an einem kleinen See. Jedes Jahr, so erklären sie uns, wandern sie von Van zurück in ihr 300 km entferntes Winterquartier in Batman. Sie leben vom Verkauf der Felle und auch der Lämmer, die besonders zum islamischen Opferfest nachgefragt werden. Viele solcher Wanderherden begegnen uns in der Region, in der die Pastoralismus genannte Form der Landwirtschaft noch sehr verbreitet ist.

Die Männer schlafen abwechselnd auf Schaffellen unter freiem Himmel, um rund um die Uhr die Herde zu bewachen. Lastesel tragen die Nahrung und das Feuerholz. Nach einem gemeinsamen Tee begleitet uns einer der Männer zurück zum Auto, damit wir nicht von den großen weißen Hirtenhunden gebissen werden. Der Mann ist erst 17 Jahre alt. Er sagt uns, er würde sein entbehrungsreiches Leben am liebsten verlassen, um mit uns nach Europa zu kommen. Er sei erst kürzlich von den Hunden gebissen worden und fürchte sich seitdem vor ihnen. Kein Wunder, schließlich müssen die aggressiven Bestien auch Bären abwehren. Das ist die erste Warnung …

Über staubige Straßen fahren wir nun zum größeren der Kraterseen. Eine Gruppe türkischer Touristen aus einem Reisebus versperrt uns den Weg. Sie fotografieren etwas. Plötzlich entdecken wir, was es ist: Ungläubig beobachten wir, wie ein kleiner Syrischer Braunbär mit seiner typischen hellen Fellfarbe aus dem Gebüsch gekrochen kommt. Die Touristen haben keine Scheu, gehen immer näher an den Bären heran, locken ihn für gute Fotos sogar mit Futter an. Zweite Warnung … Wir betrachten das Schauspiel lieber aus sicherer Entfernung und im Wohnmobil sitzend.

Auf dem nächsten großen Parkplatz sprechen uns Ferhat und seine Freunde aus Tatvan an. Zum Essen wollen sie sich nicht einladen lassen, wohl aber zum Wodka. Ihnen ist offensichtlich langweilig in der Provinz. Ferhat erzählt von seinen angeblichen drei Freundinnen und lädt uns ein, in Tatvan gemeinsam auszugehen. Dass wir die Nacht stattdessen am See verbringen wollen, kann er nicht nachvollziehen. Er schaut uns mitleidig an: »Good luck!« Wir sollen aufpassen, da nachts Bären am See unterwegs seien, warnt er. Das ist also die dritte Warnung …

Gedankenlos und von der Illusion der Unverwundbarkeit getäuscht bleiben wir trotzdem über Nacht am idyllischen Tatvansee. Wir bereiten Nudelauflauf im Dutch Oven am offenen Feuer zu. Raschelt es da nicht im Gebüsch? »Ach, Quatsch, die Bären kommen doch nicht ans Feuer«, sagt Florian. Wir essen im Wohnmobil, da es kühl geworden ist. Kaum ist die Glut draußen erloschen, sehen wir aus den Augenwinkeln einen dunklen Schatten vorbeihuschen. Wir trauen unseren Augen nicht, bis wir begreifen: Da draußen sind drei Bären! Die drei kugelrunden Gestalten machen sich genüsslich über den Inhalt des noch glühend heißen gusseisernen Topfs her. Jedes einzelne Nüdelchen wird verputzt. Einer der drei Bären wirft sogar Florians Weinglas um und schlürft die Lache auf. Drei Braunbären, die von einem Nudelauflauf sicher nicht satt geworden sind und von denen einer leicht angetrunken sein dürfte, sind sicher nicht die Art von Gesellschaft, die wir uns von einer Nacht an einem einsamen Kratersee erhofft hatten. Wir denken an Ferhat: »Good luck!«

Was sollen wir tun? Ihn anrufen? Kein Empfang. Klar, wir sind schließlich in einem Vulkankrater. Wegfahren? Unklar, ob die drei Bären friedlich abwarten würden, während wir den alten Dieselmotor laut krachend und Ruß ausstoßend eine halbe Minute lang vorglühen lassen müssten. Uns schützt ja nur ein bisschen Blech. Wir versuchen, uns deshalb möglichst ruhig und unauffällig zu verhalten, während die Bären draußen immer noch Topf, Tisch und Stühle inspizieren. »Oh mein Gott, was ist, wenn die den Kühlschrank riechen und versuchen, ins Wohnmobil zu gelangen?«, ist unser nächster panischer Gedanke.

Genau das ist ein Jahr zuvor zwei Reisenden an diesem See passiert: Syrische Braunbären versuchten, in ihren Jeep einzudringen. Aufgrund regelmäßiger Fütterungsaktionen von Touristen assoziierten die Tiere den Anblick von Menschen wohl mit Nahrung. Zum Glück lesen wir davon erst nach dieser Horrornacht. Etwa eine Stunde lang lungern die drei Gesellen vor unserem Wohnmobil herum und untersuchen immer wieder den Topf. Wir beide kauern derweil ängstlich auf unserem Bett und trauen uns kaum zu atmen.

Plötzlich passiert etwas fast Unwirkliches. Wir hören ein lautes Knurren. Vorsichtig schieben wir die Gardine beiseite und sehen im Mondlicht eine surreale Szene: ein Bär im Zweikampf mit einem großen weißen Hirtenhund. Die beiden beißen sich, werfen sich gegenseitig auf den Boden, rollen übereinander. Uns tut der Hund leid. Doch wer nach wenigen Minuten das Weite sucht, ist überraschenderweise der Braunbär!

Danach können wir wenigstens einige Stunden lang schlafen. Am nächsten Morgen trauen wir uns kaum aus dem Auto, da wir nach der Unterhaltung mit den Hirten nun befürchten, von dem Hund angegriffen zu werden. Doch der hat sich gemütlich zusammengerollt und verschläft den ganzen Morgen in der Sonne. Sichtbare Verletzungen hat er nicht davongetragen. Wir legen ihm aus Dankbarkeit eine Wurst vor, die er wedelnd zur Kenntnis nimmt, jedoch zunächst verschmäht. Bis heute fragen wir uns, ob der Hund zu den fünf Hirten am kleinen See gehörte oder einfach ein Streuner war, der den Parkplatz als sein Revier verstand. Eins ist auf alle Fälle klar: In Zukunft gehen wir Bären lieber aus dem Weg!

NUDELN MIT HACKFLEISCHSAUCE, JOGHURT UND BRAUNER GEWÜRZBUTTER

Yoğurtlu erişte

Das warme Nudelgericht mit getrockneter Minze, heißer Butter und kaltem Joghurt ist für den westeuropäischen Gaumen eine ganz besondere Kombination.

FÜR 4 PORTIONEN

FÜR DIE SAUCE

4 Tomaten
500 g Hackfleisch (nach Geschmack)
2 EL Olivenöl
1 Zwiebel, gewürfelt
1 EL Biber salçası acı (scharfes Paprikamark, erhältlich im türkischen Supermarkt)
1 EL Tomatenmark
1 TL Kreuzkümmel, ganz
2 grüne Spitzpaprikaschoten
200 ml Gemüsebrühe
1 Lorbeerblatt

FÜR DAS TOPPING

200 g Butter
3 Knoblauchzehen
1 TL Paprikapulver

AUSSERDEM

500 g Erişte-Nudeln (geröstete, kurze, dicke Fadennudeln aus dem türkischen Supermarkt; alternativ andere kleine Nudelsorten wie Spirelli, kurze Bandnudeln o. Ä.)
300 g Joghurt (3,5 % Fett)
Minze, getrocknet (Nane)
Salz
Pfeffer

1. **Für die Sauce** die Tomaten kreuzweise einritzen, mit heißem Wasser überbrühen und in kaltes Wasser geben, um die Haut abziehen zu können. Den Stielansatz entfernen und die Tomaten in kleine Würfel schneiden.
2. Das Hackfleisch in Olivenöl anbraten, danach die Zwiebelwürfel mit anschwitzen, bis sie glasig sind. Das Paprikamark sowie das Tomatenmark einrühren und kurz mit anbraten, anschließend noch den Kreuzkümmel mörsern und kurz mitrösten.
3. Die Paprika in kleine Würfel schneiden und hinzufügen. Die Tomatenwürfel zugeben und mitbraten, bis sie leicht karamellisieren und etwas Wasser aus den Tomaten austritt.
4. Mit der Gemüsebrühe auffüllen, mit Salz, Pfeffer und dem Lorbeerblatt würzen. Zum Schluss alles noch mindestens 30 Minuten lang köcheln lassen.
5. **Für das Topping** die Butter in einem Topf bei mittlerer Hitze braun werden lassen. Achtung, das geht relativ schnell! Die in Scheiben geschnittenen Knoblauchzehen sowie das Paprikapulver dazugeben, einmal aufschäumen lassen und den Topf vom Herd nehmen.
6. Die Nudeln in sprudelndem Salzwasser abkochen. Noch heiß mit zwei Dritteln des Joghurts mischen und auf Teller verteilen.
7. Die Hackfleischsauce in der Mitte anrichten. Vom restlichen kalten Joghurt einen Klecks in die Mitte der Sauce geben und die getrocknete Minze nach Belieben darüberstreuen. Zum Schluss die braune Gewürzbutter noch einmal erhitzen und über das Gericht träufeln.

VEGETARISCHE VARIANTE

Dieses Gericht kann man auch wunderbar vegetarisch zubereiten: Einfach das Hackfleisch durch 200 g gewaschene rote Linsen ersetzen und diese nach dem Anbraten des Gemüses 15 Minuten lang mitkochen. Rote Linsen müssen vor dem Kochen nicht eingeweicht werden.

ROTE LINSENSUPPE MIT SESAM
Mercimek Çorbası

Diese deftige und sättigende Suppe ist die häufigste Vorspeise in einfachen türkischen Lokalen.

FÜR 4 PORTIONEN

250 g rote Linsen
1 Zwiebel
3 Knoblauchzehen
1 Karotte
1 große Kartoffel
2 Stangen Staudensellerie
2 EL Butter
2 EL Tomatenmark
1 EL getrocknete Minze (Nane)
1 TL Paprikapulver, rosenscharf
1,5 l Gemüsebrühe
2 Zitronen
2 EL weißer Sesam, geröstet
Olivenöl, gute Qualität (optional)
Salz
Pfeffer

1. Die roten Linsen mehrfach über einem Sieb abwaschen, bis das ablaufende Wasser klar ist.
2. Zwiebeln, Knoblauch, Karotte und Kartoffel schälen und würfeln. Die Selleriestangen klein schneiden und die grünen Blätter für die Garnierung aufheben.
3. Nun die Gemüse- und Kartoffelwürfel in einem Topf in zerlassener Butter anbraten. Tomatenmark und rote Linsen hinzufügen und alles kurz zusammen anschwitzen.
4. Minze und Paprikapulver mit anrösten und dann die Gemüsebrühe aufgießen. Die Suppe mit Salz und Pfeffer würzen und ungefähr 35 Minuten lang bei kleiner Stufe kochen lassen. Aufpassen, dass nichts anbrennt! Wenn alle Zutaten weich sind, wird die Suppe mit einem Pürierstab fein püriert und mit etwas Zitronensaft abgeschmeckt.
5. Die Suppe mit Zitronenstücken, etwas geröstetem Sesam und den fein geschnittenen Staudenselleriebättern servieren. Wer mag, kann noch etwas hochwertiges Olivenöl obenauf geben.

KAROTTEN-DILL-CREME
Havuçlu yogurt

In der Türkei gibt es eine endlose Vielfalt von Mezeler – so heißen die kleinen Vorspeisen, die vor dem Hauptgericht oder auch als eigenständiges Menü gegessen werden. Sie schmecken ganz hervorragend zu frischem Fladenbrot, gerne auch mit ein bisschen türkischem Käse. Vegetarier und Vegetarierinnen können bei den fleischlosen Varianten beherzt zugreifen. Wir stellen hier zwei Standardrezepte vor, die in original türkischen Restaurants fast immer auf der Speisekarte stehen.

ERGIBT 1 SCHÜSSEL

500 g Karotten
400 g Joghurt, 10 % Fett
3 EL Olivenöl
2 Knoblauchzehen, fein gehackt
Saft von ½ Zitrone
½ Bund Dill, gehackt
50 g Walnüsse, geröstet, grob gehackt
Salz
Pfeffer

1. Das Kochwasser so stark salzen, dass es den Geschmack von Meerwasser annimmt. Die Karotten ohne Strunk so lange darin kochen, dass sie noch ein wenig knackig sind (ca. 12 Minuten).
2. Nach dem Abkühlen die Schalen der Karotte leicht mit einem Tuch abreiben, um Schmutz sowie einen Teil der Schale zu entfernen. Die Karotten auf der Kastenreibe grob raspeln.
3. Joghurt, Olivenöl und Knoblauch verrühren und danach mit den Karotten mischen. Zitronensaft, Dill, Salz und Pfeffer hinzugeben.
4. Mindestens sechs Stunden lang, am besten über Nacht, gekühlt durchziehen lassen. Die fertig angerichtete Creme mit den Walnussstücken bestreuen.

SCHARFE PAPRIKAPASTE
Acılı ezme

Ein Klassiker unter den türkischen Meze: Acılı ezme. In dieser Variation sorgt die Gurke für den extra frischen Geschmack und die Karotte für etwas Biss.

ERGIBT 1 SCHÜSSEL

1 Fleischtomate
2 grüne Peperoni
2 rote Spitzpaprikaschoten
2 Frühlingszwiebeln
1 rote Zwiebel
2 Knoblauchzehen
1 Karotte
½ Gurke
½ Bund Petersilie
1 EL Granatapfelsirup
1 TL Acı Pul Biber (scharfe Paprikaflocken)
1 EL getrocknete Minze (Nane)
1 TL Sumach (S. 67)
4 EL Olivenöl
1 EL Biber salcasi aci (scharfes Paprikamark)
1 EL Tomatenmark
Salz
Pfeffer

1. Den Strunk der Fleischtomate und die Stiele der Peperoni entfernen. Die Spitzpaprika von Stiel und Kernen befreien. Die Wurzel der Frühlingszwiebeln abschneiden. Zwiebel, Knoblauch und Karotte schälen. Dann alles in kleinere Stücke schneiden.
2. Die halbe Gurke längs halbieren und mithilfe eines Kugelausstechers oder kleinen Löffels die Kerne entfernen, denn sie würden die Paste verwässern. Die Fruchthülle der Gurke klein schneiden.
3. Alle Zutaten des Rezepts in eine Schüssel geben und gut durchmischen.
4. Nun alles in einer Küchenmaschine oder einem Zerkleinerer – zur Not in mehreren Durchgängen – mittelgrob hacken.
5. Die Paprikapaste mindestens sechs Stunden lang durchziehen lassen und danach noch einmal abschmecken.

Tipp Die Paste kann in einem geschlossenen Behälter bis zu 3 Tage im Kühlschrank aufbewahrt werden.

RUMÄNIEN

Die Transfogarascher Hochstraße
durch die Transsilvanischen Alpen

PÁLINKA

Nach einem halben Jahr zu zweit in acht Quadratmetern Wohnmobil folgen wir für kurze Zeit unterschiedlichen Reiserouten. Nora fährt mit einem rumänischen Kleinbus, Zügen und Bussen bis nach Irland und radelt dort entspannt den irischen Wild Atlantic Way entlang. Währenddessen schufte ich für Kost und Logis auf einer Biofarm in den rumänischen Karpaten. Eingebettet in eine ursprüngliche und wilde Landschaft liegen die Felder, auf denen ich zwei Wochen lang schweißtreibende Arbeit leiste.

Ich hab mein Herz an Heidelbeeren verloren

In deutschen Supermärkten gibt es sie in allen Größen und Qualitätsstufen: Heidelbeeren. Wie viel harte Arbeit zwischen der Beere am Strauch und der Beere in der Verpackung liegt, wird mir erst als Erntehelfer klar. Mit der Studentin Chloé aus Frankreich lebe ich in einem Hofgut inmitten von Schweinen und Hühnern. Neben uns Freiwilligen helfen fast alle Frauen aus dem Dorf auf den benachbarten Heidelbeerfeldern mit.

Zusammen hocken wir uns schon am frühen Morgen auf kleine Schemel und bücken uns über die Heidelbeersträucher. Die Eimer füllen sich nur langsam mit den winzigen Beeren.

◂ Polaroid: Vorfreude auf Heidelbeeren

▴ Lagerkisten werden übers Feld gefahren – ansonsten ist alles Handarbeit

▴ Gerösteter Speck: Harte Arbeit erfordert reichhaltiges Essen!

DAS BESONDERE PRODUKT

Pálinka darf hier natürlich auch nicht fehlen. Der selbst gebrannte Schnaps weckt unsere von der Arbeit müden Lebensgeister – durchaus auch schon um zehn Uhr vormittags.

Pálinka ist nur echt aus Ungarn. Zumindest, wenn sich die Schnapsbrenner an die entsprechenden EU-Verordnungen halten, die den Namen nur hochprozentigen Erzeugnissen aus ungarischer Obstmaische erlauben (ähnlich wie Champagner aus der Champagne). Ob sich meine Gastgeber hier, in einer von der ungarischen Minderheit geprägten Region in Siebenbürgen, darum scheren, bleibt offen ... Pálinka kann aus Marillen, Pflaumen, Birnen, Quitten, Aprikosen oder Äpfeln gebrannt werden.

Schon nach einer Stunde brennt die Sonne unbarmherzig auf uns nieder. Schutz vor der glühenden Sonne gibt es hier nicht. Doch die Frauen aus dem Dorf sind die Hitze gewöhnt: Sie lachen, schwitzen und arbeiten hart.

Am späten Vormittag frühstücken wir alle gemeinsam. Die älteste der Arbeiterinnen – stolze 85 Lebensjahre hat sie hinter sich – zündet dazu mühsam ein Feuer an. An eigens im Wald gesammelten Holzstöcken aufgespießt rösten wir dort weißen Speck. Dazu gibt es Zwiebeln, Paprika und Knoblauch frisch aus der Glut. Das alles ist ganz nach meinem Geschmack!

▲ Heidelbeerkonfitüre aus dem Dutch Oven

Trink, Brüderlein, trink

Fabiu wohnt im Dorf und besucht Chloé und mich jeden Abend in leicht alkoholisiertem Zustand, um sich die Langeweile zu vertreiben. Außerdem hat er es auf eine der Erntehelferinnen abgesehen und wohl auch auf den Beerenwein, der im Gutshaus lagert.

Der Wein gärt in großen Glasballons. Die Behälter sind mit den Beständen des Vorjahres noch halb gefüllt, als die nächste Fuhre bereits hergestellt werden soll. Diese ehrenvolle Aufgabe wird mir vom Hofbesitzer zugeteilt, schließlich bin ich Gastronom. Also darf ich den alten Wein mit einem Schlauch ansaugen und in Flaschen umfüllen. Nur so ist Platz für den frischen Most.

Die Brühe ist mit einer dicken Schicht Schimmel bedeckt, von der ich bei der Aktion leider eine ganze Ladung in den Mund bekomme. Zur Desinfektion gibt es erst mal einen kräftigen Schluck Pálinka.

Wesentlich angenehmer ist für mich die Herstellung der Heidelbeerkonfitüre – schließlich war die Heidelbeerernte auf dem Bauernhof üppig und ich verarbeite einen Teil davon zu Marmelade, bereichert durch die erlesenen Zutaten, die man als Koch in einer Wohnmobilküche tatsächlich vorrätig hat.

HEIDELBEERKONFITÜRE MIT DATTELN UND QUATRE ÉPICES

FÜR 2 SCHRAUBDECKELGLÄSER À 250 G

500 g Heidelbeeren

1 Bio-Zitrone

50 g getrocknete Datteln, gehackt

1 Messerspitze Quatre Épices (Gewürzmischung aus weißem Pfeffer, Ingwer, Muskat und Gewürznelken)

30 g Walnüsse, geröstet und gehackt

200 g Gelierzucker (2:1)

Die Heidelbeeren waschen und von allen Unreinheiten wie Stängeln befreien. Die Früchte in einen großen Topf geben und den Saft der Zitrone sowie ein daumendickes Stück der Schale dazugeben. Die gehackten Datteln, Quatre Épices und die gerösteten und gehackten Walnüsse hinzufügen. Alles zusammen unter ständigem Rühren aufkochen und danach ca. 5 Minuten köcheln lassen, bis die Früchte anfangen zu zerfallen. Nun den Gelierzucker dazugeben und noch 4 Minuten lang (oder nach Packungsanweisung) sprudelnd weiter köcheln lassen. Die noch heiße Konfitüre in zuvor heiß ausgespülte Schraubdeckelgläser geben. Zum Deckelrand einen Zentimeter Platz lassen und sofort fest verschließen.

▴ Typisches Haus im Apuseni-Gebirge

▴ Ein Ständchen auf der Strohgeige

In einem kühlen Grunde

An einem Nachmittag bringt Fabiu uns deutsch-französische Gastarbeiter zur Dorfmühle, wo noch heute das Mehl für die Bewohner gemahlen wird. In Rumänien wirkt eben so manches wie aus der Zeit gefallen. Und so wundert es mich nicht, dass der Müller 90 Jahre alt ist. Er zeigt uns nicht nur die alte Mechanik der Mühle, sondern fiedelt uns für einen kleinen Obolus auch ein traditionelles Ständchen auf seiner Strohgeige vor.

Ich quäle sein Instrument anschließend mit einer stümperhaft gegeigten Version von »Smoke on the water«. Auch wenn dies nicht gerade den Geschmack des Müllers trifft, schenkt er uns zur Feier des Tages noch eine Runde Pálinka aus.

FLEISCH MIT ETWAS GEMÜSE

Nach unserer Reise lernen wir in Deutschland eine junge Rumänin kennen, die von ihrer Landesküche und den Rezepten ihrer Großmutter schwärmt. Das Wort »Schlachten« fällt ziemlich häufig. Als sie erfährt, dass Nora kein Fleisch isst, versiegt der Redefluss und sie hat nur noch mitleidige Blicke übrig.

Das überrascht uns nicht, denn auch unsere erste Assoziation, wenn wir an das Essen in Rumänien denken, ist: Fleisch. Auf jedem Markt wabern aus irgendeiner Ecke Rauchschwaden empor, da auf einem riesigen Rost Würste oder Mici (S. 93) über dem Feuer gegrillt werden. Hühner- und Schweinefleisch schmort an jedem Straßenstand. Je näher man dem Schwarzen Meer kommt, desto mehr Fisch landet auf den Tellern. Dazu gibt es Mujdei, eine Knoblauchsauce, die mehr Knoblauch ist als Sauce.

Die heimlichen Helden

Trotzdem muss man ohne Fleischgenuss in Rumänien nicht hungern, denn auch Mais ist allgegenwärtig: Mămăligă ist die sättigende Beilage vieler Gerichte, ein Maisbrei, der auch die Grundlage für Cocoloși (gefüllte Maisbällchen, S. 90) bildet. Auch Käse wird in großen Mengen produziert, insbesondere aus Schafsmilch.

Gläubige, die sich an die Regeln der orthodoxen Kirche halten, verzichten in der Fastenzeit gänzlich auf tierische Produkte. Wir sind zwar nicht in der Fastenzeit im Land, sehen aber auf den Märkten das für die gesamte Region typische Gemüse: Paprika, Tomaten, Auberginen. Auch Hülsenfrüchte landen im Kochtopf. Die Würze der Speisen stammt aus Kräutern wie Dill, Bohnenkraut, Liebstöckel, Petersilie oder Lorbeer – für Geschmack und Aroma ist also gesorgt.

Süßes darf nicht fehlen

Ein Gebäck aus Siebenbürgen ist seit einigen Jahren auch in Deutschland erhältlich: Baumstriezel mit Mohn oder Nüssen bieten Abwechslung im üblichen Weihnachtsmarkt-Portfolio. Wir sind gespannt, wann es die in Fett gebackenen Papanași (Topfenknödel) ebenfalls auf die Jahrmarktstände schaffen.

DAS BESONDERE PRODUKT

Nicht mit Saft zu verwechseln ist die säuerliche Würzflüssigkeit **Borș**. Sie basiert auf fermentierter Weizenkleie und bildet die Grundlage vieler Suppen.

◂ Mămăligă

▸ Marktszene vor der Holzkirche in Gârda de Sus im Apuseni-Gebirge

▾ Süße Leckerei: Für Baumstriezel wird Teig auf eine Holzform gewickelt und über dem offenen Feuer gebacken

FISCHSUPPE MIT SAUERKRAUTSAFT UND BRENNNESSELN
Ciorbă de perișoare

Ich campiere an einem Fluss im Donaudelta bei der Stadt Murighiol im Kreis Tulcea, als es mich so richtig erwischt. Eine unangenehme Erkältung fesselt mich mehrere Tage lang ans Wohnmobil. Tagsüber bin ich am Fluss nicht allein, denn der Ort ist ein Ausflugsziel für Einheimische, die dort picknicken, angeln und die Natur genießen. Offenbar mache ich – alleinreisend, niesend und hustend – einen bemitleidenswerten Eindruck, denn eines Abends kommt eine ältere Dame ans Wohnmobil. Sie bringt mir einen Teller Fischsuppe mit, die sie an einer Feuerstelle am Fluss mit frisch geangeltem Fisch zubereitet hat. Die Suppe verleiht mir Wunderkräfte. Nach mehreren Tagen Resteessen aus der Wohnmobilküche ist das die beste Fischsuppe meines Lebens. Ich habe den typisch säuerlichen Geschmack dieser Suppe, einer rumänischen Ciorbă, in diesem Rezept nachgebildet.

FÜR 6 PORTIONEN

600 g ganzer weißer Flussfisch, je nach Verfügbarkeit (z. B. Zander oder Wels)
200 g junge Brennnesselblätter, gewaschen (alternativ Spinatblätter)
3 Zwiebeln
2 Knoblauchzehen
3 Karotten
2 Tomaten
3 Spitzpaprikaschoten, rot
2 EL Olivenöl
1 TL geräuchertes Paprikapulver
500 ml Sauerkrautsaft (gut sortierter Supermarkt oder Reformhaus)
1 TL Zucker
1 Bund Dill, gehackt
2 Zweige Liebstöckel, gehackt
Saft von 1 Zitrone
150 g Schmand
Salz
Pfeffer

Vor der Zubereitung der Suppe muss der Fisch filetiert werden. Beherrscht man dies nicht, kann der Fischhändler diesen Schritt übernehmen. Dann aber die Karkasse mitgeben lassen.

FILETIEREN DES FISCHES

Den Fisch mit dem Rücken zu einem selbst auf ein Schneidebrett legen. Mit einem scharfen Filetiermesser wird hinter dem Kiemendeckel bis zur Wirbelsäule der erste Schnitt gemacht. Nun das Messer mit der Schneide in Richtung Schwanz drehen und das Filet in kurzen Schnitten von der Mittelgräte trennen. Der Schnitt wird immer wieder neu angesetzt, um so dicht wie möglich an der Gräte entlangzuschneiden. Das abgetrennte Filet mit der freien Hand anheben. Es endet an seiner dünnsten Seite kurz vor der Schwanzflosse. Das gegenüberliegende Filet auf die gleiche Weise abtrennen. Als Letztes die Bauchgräten vorsichtig mit einem Schnitt vom Filet trennen. Verbleibende Gräten mit einer Grätenzange entfernen. Die Filets mit Haut in kleinere Würfel schneiden und bis zur weiteren Verwendung kalt stellen. Die Karkasse für die Suppe aufheben.

ZUBEREITUNG DER SUPPE

1. Die Brennnesselblätter waschen (Handschuhe benutzen) und beiseitelegen.
2. Die Karkasse kalt abspülen und die Kiemen entfernen, da sie bitter schmecken.
3. Zwiebeln und Knoblauch schälen und grob würfeln. Die Karotten schälen und in halbe Scheiben schneiden. Den Strunk der Tomaten entfernen und das Fruchtfleisch würfeln. Das Kerngehäuse der Paprika entfernen und die Schoten ebenfalls in Würfel schneiden.
4. Olivenöl in einem großen Topf erhitzen, die Fischkarkasse anbraten, Zwiebel, Knoblauch und Karotten dazugeben und kurz mit anschwitzen. Mit dem Paprikapulver bestäuben und kurz mitbraten. Mit dem Sauerkrautsaft ablöschen, 500 ml Wasser hinzufügen und alles zum Kochen bringen. Eventuelle Trübstoffe mit einer Siebkelle entfernen und danach Tomaten und Paprika hinzufügen. Mit Zucker, Salz und Pfeffer würzen und ca. 30 Minuten lang sanft köcheln lassen. Danach die Fischkarkasse entfernen.
5. Zum Fertigstellen der Suppe die Brennnesselblätter, Dill, Liebstöckel und Zitronensaft hinzufügen und einmal aufkochen. Ganz zum Schluss die in Würfel geschnittenen Fischfilets in die Suppe legen. Sie darf nun auf keinen Fall mehr kochen. Nach 3–5 Minuten ist der Fisch gar gezogen und die Suppe kann mit etwas Schmand obenauf serviert werden.

GEFÜLLTE MAISBÄLLCHEN AUF PAPRIKAKRAUT
Cocoloși

Mămăligă, ein aus Maisgrieß hergestellter Brei, ist ein berühmtes Traditionsgericht in Rumänien und Moldau. Unsere Variante ist an Cocoloși angelehnt: Hier wird die Maismasse zu Kugeln geformt, mit Schafskäse gefüllt und dann über dem Feuer zubereitet.

FÜR CA. 8 BÄLLCHEN ODER 4 PORTIONEN

FÜR DAS PAPRIKAKRAUT
1 rote Paprikaschote
1 gelbe Paprikaschote
1 Zwiebel
1 Knoblauchzehe
2 EL Butter
1 EL Paprikapulver, edelsüß
100 ml Rotwein
500 g frisches Sauerkraut
700 ml Tomatensaft
2 Thymianzweige
1 Lorbeerblatt
5 Wacholderbeeren
1 Kartoffel
4 EL Graupen
Salz
weißer Pfeffer

FÜR DEN MAISBREI
400 ml Gemüsebrühe
Salz
40 g Butter
200 g Maisgrieß, grob

FÜR DIE FÜLLUNG
50 g Walnüsse
100 g würziger Bergkäse
1 Bund Dill

ZUM SERVIEREN
150 g Schmand

1. **Für das Paprikakraut** die Paprika mit einem Sparschäler schälen, halbieren, vom Kerngehäuse befreien und in kleine Würfel schneiden. Die Zwiebel und den Knoblauch schälen und beides fein würfeln. Alles zusammen in einem Bräter in Butter glasig anschwitzen.
2. Das Paprikapulver hinzufügen, kurz mit anschwitzen und mit dem Rotwein ablöschen. Danach alles gut mit Sauerkraut und Tomatensaft vermischen. Thymian, Lorbeer und Wacholder hineingeben und aufkochen.
3. Die Kartoffel schälen, grob reiben und zusammen mit den Graupen zum Paprikakraut geben. Dies gibt am Schluss eine schöne Bindung. Das Paprikakraut mit Salz und Pfeffer abschmecken und bei geschlossenem Deckel für ca. 1 Stunde bei 180 °C (Umluft) in den Ofen schieben.
4. **Für den Maisbrei** die Gemüsebrühe mit Salz zum Kochen bringen, die Butter hinzufügen und den Maisgrieß einrühren. Kurz aufkochen, den Topf vom Herd nehmen und weiterrühren, bis ein zäher Brei entsteht.
5. **Für die Füllung** die Walnüsse in einer Pfanne trocken rösten und etwas abkühlen lassen. Grob hacken und in eine Schüssel geben. Den Bergkäse in kleine Würfel schneiden, den Dill hacken und alles zusammen gut vermischen.
6. Nachdem der Maisbrei ein wenig abgekühlt ist, jeweils 1 EL davon zu einem Bällchen formen. Das geht am besten, wenn der Brei noch warm ist. Die Bällchen mit dem Finger etwas aushöhlen und die Käsefüllung hineingeben. Mit etwas Maisteig verschließen und nochmals rund formen.
7. Die Maisbällchen in eine gefettete Auflaufform geben und im Ofen bei 200 °C (Umluft) für ca. 15 Minuten backen. Ist noch Füllmasse übrig, kann sie zum Überbacken auf die Bällchen gegeben werden.
8. Jeweils 2–3 Maisbällchen auf dem fertigen Paprikakraut anrichten und mit etwas Schmand servieren.

GEGRILLTE HACKFLEISCHRÖLLCHEN MIT KNOBLAUCH-SAUERRAHM-DIP

Mici

Die rumänische Küche ist sehr fleischlastig. Deshalb wollen wir doch den Klassiker rumänischer Straßenstände nicht ignorieren: Mici. Die Hackfleischröllchen erinnern uns auch an Ćevapčići.

FÜR CA. 12 STÜCK

- 50 g weißer Speck (frischer, unbehandelter Speck vom Schwein)
- 3 Zweige Thymian
- 3 Zweige Bohnenkraut
- 500 g Hackfleisch, gemischt (Rind und Schwein)
- 2 Knoblauchzehen, fein gehackt
- 4 g Natron
- ½ TL gemahlener Piment
- 150 ml Schwarzbier
- 5 g Salz
- 1 TL schwarzer Pfeffer, gemahlen

FÜR DEN DIP

- 4 Knoblauchzehen
- ½ TL Salz
- 3 EL Olivenöl
- 2 EL Sauerrahm

1. Den weißen Speck sehr fein hacken. Thymian und Bohnenkraut ebenfalls fein hacken. Den Speck zusammen mit dem Hackfleisch und allen übrigen Zutaten – außer dem Schwarzbier – vermischen. Das Natron macht die fertigen Mici etwas lockerer.
2. Jetzt das Schwarzbier langsam untermischen und die Masse mehrere Minuten lang kneten, bis sie gleichmäßig und glänzend ist.
3. Die Mici für etwa acht Stunden in einem geschlossenen Gefäß kalt stellen und durchziehen lassen.
4. Vor dem Grillen aus der Hackmasse ca. 6 cm lange Rollen formen. Auf einem sehr heißen Grill (am besten mit Holzkohle), zur Not aber auch in einer Pfanne, grillen, bis die Mici außen knusprig, aber innen noch saftig sind.
5. **Für den Dip** die Knoblauchzehen schälen und im Mörser mit Salz zerreiben. Das Öl langsam hinzugeben und gut unterrühren. Anschließend noch den Sauerrahm hinzufügen.
6. Die fertig gegrillten Mici zusammen mit dem Dip und etwas Brot servieren.

MOLDAU

Mönch in Orheiul Vechi
nördlich von Chișinău

MOLDAUS FRUCHTBARE BÖDEN

Die Küche Moldaus erinnert uns an die des großen Nachbarn Rumänien. Unser Eindruck bei der Durchreise ist, dass ein bisschen weniger Fleisch gegessen wird. Mit Reis oder Fleisch gefülltes Gemüse ist hier der Hit.

Auf den fruchtbaren Böden wachsen viel Obst, Gemüse und Getreide. Wie in Rumänien wird Mais vor allem für Mămăligă (Maisbrei) verwendet. Obst gedeiht in der fruchtbaren Region besonders gut, etwa Kirschen, Äpfel und Trauben. Viele der landwirtschaftlichen Erzeugnisse werden exportiert, und auch im deutschen Supermarkt kommt man beispielsweise an den moldauischen Pflaumen nicht vorbei. Das inspirierte uns zu einer Ketchup-Variation (S. 100).

Kohl ist nicht nur ein fester Bestandteil der deutschen und österreichischen, sondern auch der gesamten osteuropäischen Küche – so auch der moldauischen. Deshalb gibt es auf S. 102 ein Rezept für Sarmale (Krautrollen).

Exportschlager und Geheimtipp zugleich ist jedoch der moldauische Wein. Wir passieren sehr viele Weingüter und müssen uns immer wieder daran erinnern, dass wir ohne horrende Zölle über die nächsten Grenzen fahren wollen.

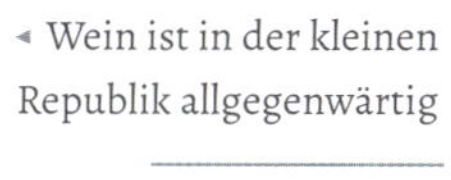

◂ Wein ist in der kleinen Republik allgegenwärtig

▴ Kunst aus Kürbissen: Zu Erntedank werden vielerorts Moldaus vielfältige Kürbisvarianten gefeiert

▸ Auswahl moldauischer Wurstwaren

▸ Getrocknete Pflaumen auf dem Piața Centrală, dem Hauptmarkt von Chișinău

▸ Sarmale (S. 102) werden in Moldau auch als Street Food verkauft

GRENZGANG

Florian verfügt über ein beachtliches Repertoire »denglischer« Standardsätze von zweifelhafter grammatikalischer Korrektheit. Mit dieser Wunderwaffe rettet er uns zwischen Belgrad und Teheran aus so manch brenzliger Situation. Ein ahnungsloses »Parking ... here ... okay?«, als georgische Polizisten uns des Falschparkens bezichtigen, oder ein unschuldiges »only for private use«, während Zöllner an einer EU-Außengrenze unseren Kühlschrank kontrollieren – all das war erfolgreiche verbale Deeskalation. Florians Aussprache gibt uns unmissverständlich als deutsche Reisende zu erkennen und führt häufig zu einer milderen Beurteilung.

Eine weitere Phrase entlarvt uns an der Grünen Grenze zwischen Moldau und der Ukraine als harmlose Idioten.

Sehenswürdigkeit gesucht

Während unserer dreitägigen Reise durchs Land erhalten wir nur einen flüchtigen Eindruck von Moldau. Die Szenerie in den Dörfern ist wiederkehrend: eine Durchfahrtstraße gesäumt von Bäumen, in zweiter Reihe bunte, teils sehr gepflegte und mit schönen Gärten umrahmte Holzhäuser, eine orthodoxe Kirche und mehrere Brunnen.

Wir treffen einen jungen Münchner, dessen Eltern aus Transnistrien stammen. Er rät uns dringend von einer Reise durch diese von Russland unterstützte autonome Region an der ukrainischen Grenze ab, denn mit unserem deutschen Kennzeichen wären wir ein gefundenes Fressen für korrupte Zöllner. Also fahren wir einen Umweg, vorbei an sonnenverwöhnten Weinhängen, in Richtung der ukrainischen Schwarzmeerstadt Odessa.

Unterwegs macht uns ein Hinweisschild mit der Aufschrift »Monastery« und dem Symbolbild eines Klosters neugierig. Wir folgen der Richtungsangabe des Schildes, doch an der kleinen Landstraße sehen wir kilometerweit keinen weiteren Hinweis auf die Sehenswürdigkeit. Nach etwa 20 Kilometern mündet die Landstraße in einem Dorf in einer Sackgasse.

Wir sind aber noch nicht bereit, die Aussicht auf eine Klosterbesichtigung in Moldau aufzugeben. Unbeirrt fahren wir weiter auf einen Feldweg hinter dem Dorf, vorbei an einer Weide. Irgendwann trauen wir unserem Wohnmobil nicht mehr zu, dass es sich weiter seinen Weg durch den Matsch bahnen kann, und kehren um.

In dem Dorf am Ende der Landstraße gibt es einen kleinen Laden. In Ermangelung von touristischen Unternehmungen kaufen wir uns dort ein Eis am Stiel, setzen uns mit unserer Picknickdecke auf eine Wiese vor der orthodoxen Kirche und genießen das Eis mit einer kleinen Brotzeit. Essen geht immer!

▲ Blaues Holzhaus in einem moldauischen Dorf

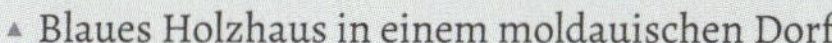

▸ Weinhänge bei Chişinău

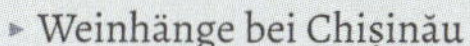

Wir fühlen uns nicht angesprochen, als in dem menschenleeren Dorf plötzlich eine Grenzpatrouille vorfährt. Zwei bewaffnete Grenzpolizisten steigen aus. Zielstrebig kommen sie auf uns zu. Was wir hier wollen, fragen sie in herrischem Tonfall.

Florian zögert nicht lange und antwortet selbstsicher: »Searching for monastery!« Die beiden Polizisten tauschen ungläubige Blicke aus und ziehen die Augenbrauen hoch. Vor ihnen sitzen zwei deutsche Reisende, die sich ein gemütliches Picknick bereitet haben, nachdem sie die Feldwege in Richtung ukrainischer Grenze erkundet hatten. Sie erwecken nicht gerade den Eindruck, aktiv nach einem Kloster zu suchen.

Es gebe hier kein Kloster, sagt der jüngere der beiden Polizisten auf Englisch. Er erklärt uns mit einer eigens angefertigten Skizze den offiziellen Weg nach Odessa. Und zwar in einer Art und Weise, die durchscheinen lässt, dass er uns für völlig bescheuert hält.

Und damit es auch der Letzte kapiert, folgt die deutliche Ansage: »Wenn ihr fertig gegessen habt, fahrt ihr hier weg!« Zwar ist die moldauisch-ukrainische Grenzregion 2019 sowohl zeitlich als auch geografisch noch weit von militärischen Konflikten entfernt, dennoch missfällt der grenznahe Aufenthalt zweier Ausländer den Beamten offensichtlich. Wie nah wir der Grünen Grenze während unserer Erkundungstour waren, erfahren wir erst im Nachgang bei einem Blick in unser Navigationssystem. Wir hätten den Feldwegen nur ein bisschen weiter folgen müssen, dann wären wir in die Ukraine gelangt.

PFLAUMEN-TOMATEN-KETCHUP

Moldau ist das Land der Pflaumen und der Export auch in unsere Supermärkte ist wichtig für das kleine Land. Diesem Ketchup verleihen die Pflaumen eine natürliche Süße, Ingwer und Gewürze steuern kontrastierende Aromen bei. Das Ketchup passt nicht nur zu Pommes frites, sondern schmeckt auch prima als Sauce zu Fleisch oder Gemüse vom Grill.

ERGIBT CA. 4 EINMACHGLÄSER (À 290 ML)

750 g Kirschtomaten
3 EL Olivenöl
1 TL Salz
3 Knoblauchzehen
2 Zweige Rosmarin
4 rote Zwiebeln
1 Stück Ingwer, daumengroß
2 Nelken
2 Piment
1 TL schwarze Pfefferkörner
1 EL Senfpulver
3 EL Branntweinessig
400 g Pflaumen, entsteint
1 Zimtrinde
1 Lorbeerblatt
1 EL Honig

1. Die Kirschtomaten mit etwas Olivenöl, Salz, den geschälten Knoblauchzehen und dem Rosmarin vermischen. Auf einem Backblech bei 100 °C (Umluft) für 3 Stunden backen. Die Tomaten entwickeln so Tiefe und Süße.
2. Die roten Zwiebeln und den Ingwer schälen und beides grob schneiden.
3. In einem großen Topf Olivenöl erhitzen und die Zwiebeln mit dem Ingwer langsam anschwitzen. Das sollte mindestens 15 Minuten dauern, damit das Aroma der Zwiebeln gut zur Geltung kommt.
4. Nelken, Piment und Pfefferkörner in einem Mörser grob zerstoßen und im Topf mit anschwitzen. Anschließend das Senfpulver kurz mit anschwitzen und mit dem Essig ablöschen.
5. Jetzt Pflaumen, Kirschtomaten und restliche Zutaten zugeben und mit geschlossenem Deckel ca. 30 Minuten lang sanft köcheln.
6. Zimtrinde und Lorbeer entfernen und die Masse in einem Standmixer oder mit dem Pürierstab sehr fein mixen.
7. Das Ketchup kann nun in heiß ausgespülte Weckgläser abgefüllt und diese dann eingekocht werden, damit der Inhalt lange haltbar ist. Dafür die Gläser mit dem Ketchup in ein tiefes Backblech stellen und etwas Wasser ins Blech gießen. Die Gläser bei 140 °C (Umluft) 14 Minuten lang im Backofen lassen. Anschließend im Ofen bei geöffneter Tür auskühlen lassen und dabei nicht bewegen, denn die Gläser könnten platzen.

KRAUTROLLEN MIT KÜRBISFÜLLUNG
Sarmale

Wir verzichten auf die übliche Hackfleischfüllung der moldauischen (oder je nach Interpretation rumänischen) Sarmale und kreieren eine vegetarische Variante. Die Aromen von Kürbis, Kümmel und Tomate ergänzen sich hervorragend.

FÜR 8 KRAUTROLLEN

1 Weißkohl
500 g Kürbis
2 Schalotten
2 Knoblauchzehen
2 EL Pflanzenöl
2 EL Tomatenmark
1 TL Kümmel
1 Chilischote
2 Kartoffeln
Muskat
1 Bund Dill
2 EL Butter
1 l Gemüsebrühe
Salz
Pfeffer

1. Wasser in einem großen Topf zum Kochen bringen, gut salzen und darin den kompletten Weißkohlkopf kochen, bis man die Blätter von außen nach innen vorsichtig ablösen kann. So viele Blätter ablösen, bis man acht schöne Weißkohlblätter erhalten hat. Aus dem restlichen Weißkohl lässt sich wunderbar Salat oder Eintopf zubereiten.
2. Zum Herstellen der Füllung den Kürbis schälen, entkernen, auf einer Kastenreibe grob raspeln und leicht salzen. Die Kürbismasse muss nun eine Stunde lang stehen, damit das Salz dem Kürbis etwas Flüssigkeit entzieht. Danach wird die Kürbismasse auf einem Sieb ausgedrückt und beiseitegestellt.
3. Schalotten und Knoblauch schälen und in feine Würfel schneiden. Das Pflanzenöl in einer großen Pfanne erhitzen und die Schalotten- und Knoblauchwürfel darin andünsten. Tomatenmark zugeben und kurz mitbraten. Danach zusammen mit dem Kümmel und der zuvor fein gehackten Chili kurz weiterbraten. Die Pfanne vom Herd nehmen, die beiden Kartoffeln schälen und mit der Kastenreibe in die Masse raspeln. Die Füllung mit Salz, Pfeffer und Muskat kräftig abschmecken und den gehackten Dill untermischen.
4. Zum Füllen der Krautrollen den harten Strunk an den einzelnen Kohlblättern wegschneiden. Ungefähr 2 EL Füllung auf das untere Drittel des Kohlblatts legen und das Blatt links und rechts zur Mitte hin falten. Dann wird die Krautrolle von unten nach oben aufgerollt, sodass ein kleines Päckchen entsteht.
5. Die einzelnen Krautrollen mit der Öffnung nach unten in einen gebutterten Bräter oder in eine feuerfeste Form legen und die Gemüsebrühe angießen. Die Krautrollen müssen nun 40 Minuten lang bei 160 °C (Umluft) schmoren, bis sie leicht Farbe annehmen und der Kohl weich wird.

EINGELEGTE BÄRLAUCHBLÜTEN-KNOSPEN

Landet gelegentlich auch im deutschen Verkauf: Bärlauch aus Moldau. Wir legen die Blütenknospen ein und verlängern so die kurze Saison des Lauchgewächses zumindest für unseren Speiseplan. Die Bärlauchblütenknospen verfeinern Butterbrot oder Pasta und sind frittiert eine pfiffige Begleitung einer Vorspeise.

ERGIBT 2 EINMACHGLÄSER À 150 ML

120 g ungeöffnete Bärlauchblütenknospen, frisch geerntet

½ TL Salz

250 ml weißer Balsamico

1 TL Honig

1. Die Bärlauchblütenknospen in einem Sieb kurz mit kaltem Wasser abspülen und abtropfen lassen. Anschließend mit dem Salz vermischen.
2. Die Knospen ca. 1 Stunde lang ziehen lassen. Danach werden sie in zuvor heiß ausgespülte Einmachgläser gegeben.
3. Den Essig mit dem Honig aufkochen und über die Knospen gießen, bis diese bedeckt sind. Die Einmachgläser fest verschließen und mindestens drei Wochen lang ziehen lassen, damit die Bärlauchblütenknospen ihr tolles Aroma entwickeln können.
4. Die Bärlauchblütenknospen sind nun 6 Monate lang haltbar und müssen nach Anbruch im Kühlschrank gelagert werden.

UKRAINE

An der Schwarzmeerküste
vor Odessa

▴ Hip und gemütlich: Hinterhofcafé in Odessa

▸ Polaroid: In einer Kapelle in Odessa

AN DER UKRAINISCHEN SCHWARZMEERKÜSTE

Die Ukraine durchkreuzen wir auf dem Weg zum Schwarzen Meer, da wir mit der Fähre nach Georgien übersetzen wollen.

Wir verbringen ein paar Nächte auf einem Campingplatz an der Schwarzmeerküste. Die junge Servicekraft des Hotels nebenan besucht uns mehrmals am Tag an unserem Wohnmobil, immer wenn sie den Hund des Chefs ausführt. Ihre Augen glänzen, als sie von Berlin schwärmt. Und mit Verwunderung fragt sie, warum wir aus Deutschland ausgerechnet an ihren »langweiligen« Arbeitsort kommen, um Urlaub zu machen. An den Wochenenden sonnen sich hier viele Ukrainer mit Kind und Kegel am Strand. Der Deich ist von typischen Familienlokalen gesäumt, wie man sie auch an holländischen Stränden finden könnte.

Odessa selbst hat für uns ein bisschen was von Baden-Baden: früher mal schick, heute etwas in die Jahre gekommen, aber immer noch mit mondänem Flair. Wir sehen und hören überraschend viele russische Touristen. Damals – im Sommer 2019 und fünf Jahre nach den Konflikten in Luhansk, Donezk und der Krim – können wir uns noch nicht vorstellen, dass sich mal die Sandsäcke vor den prunkvollen Touristenattraktionen stapeln würden, weil die russische Regierung einen großflächigen Angriffskrieg gegen die Ukraine führt.

▲ Die Aussicht auf die Schwarzmeerküste lässt sich auch herrlich verschlafen

◂ Die Beit-Chabad-Synagoge in Odessa

Wir verbringen drei Tage in Odessa, um unsere Fährfahrt vorzubereiten. Gerade genug Zeit, um die vielfältige Gastronomieszene zu erkunden. Einige hippe Cafés und Bars erinnern doch mehr an Berlin als an Baden-Baden. Die Strandpromenade von Odessa fällt mit ihren Leuchtreklamen und der Eurodance-Beschallung etwas aus dem Bild.

Wir sind überrascht von der Menge an jüdischen Restaurants und erfahren dann, dass im Land eine große jüdische Gemeinschaft lebt. Neben einem leckeren Hummus-Dip probieren wir die Spezialität »gefilte Fisch« als Fischklößchen.

FERRY TALES

Wir stehen an Deck einer ukrainischen Cargofähre und blicken über das Schwarze Meer nach Sewastopol. Die militärische Bedrohung erahnen wir nur, näher werden wir ihr nicht kommen.

Diese Reise haben wir im Vergleich zu anderen Grenzgängen intensiv vorbereitet. Denn die Überfahrt von Odessa nach Batumi klang in den Blogbeiträgen anderer Reisender nach wahrem Abenteuer: Parken zwischen Schweinelastern, Schlafen in der Holzklasse, Kontakte knüpfen mit Lkw-Fahrern. Wir lasen auch die Schauermärchen von spontan um mehrere Tage verschobene Abfahrten, verschlungenen Wegen zum Hafen und Bestechungsgelder fordernden Zollbeamten. All das entsprach nicht gerade der Vanlife-Romantik, wie sie häufig in Reiseblogs und sozialen Medien gezeigt wird. Doch das hielt uns nicht von unseren Plänen ab.

Ohne Kenntnisse der ukrainischen, russischen oder georgischen Sprache sind die genauen Abfahrtszeiten der Cargofähre online nicht herauszufinden. Wir fahren also ins Büro der Reederei in Odessa und lassen uns die Formalitäten von einem sehr zuvorkommenden Mitarbeiter erklären. Unserem Eindruck nach freut er sich über jeden Touristen, der die Dienstleistung seines Unternehmens in Anspruch nimmt. Wir fühlen uns wie VIPs, als er uns alles haarklein in einer Mischung aus Deutsch, Englisch und Zeichensprache erklärt.

Unsere erste Aufgabe klingt noch ganz einfach: »Hebe 20.000 ukrainische Grywna in bar ab. Gehe nicht über Los.« Fünf Banken mit Auszahlungslimit und ungezählte Gebühren später bezahlen wir unsere Tickets mit einem Haufen Scheine.

Nun folgt ein Bilderrätsel. Der Mitarbeiter druckt uns Fotos der Wegstrecke zum Terminal aus und versieht sie mit kryptischen Notizen. Die Herausforderung: »Folge der Wegbeschreibung zum Terminal und ignoriere dein Navigationssystem, das dich in die Irre leitet!«

Wir fahren also langsam und hoch konzentriert durch ukrainisches Niemandsland, um ja keine Abzweigung zu verpassen. Als wir schließlich zwei Rucksackreisende in unserem Alter am Straßenrand entlanglaufen sehen, sind wir sehr optimistisch, auf dem richtigen Weg zu sein. Das Paar aus Berlin ist in der Einöde auf der Suche nach einer Möglichkeit zu frühstücken, was wir für völlig aussichtslos halten. Wir lassen uns unsere Zweifel nicht anmerken und freuen uns, dass Ramon und Claudia uns den Weg zum Terminal noch mal auf Deutsch erklären.

Unsere nächste Aufgabe lautet: »Warten!« Warten an der Anmeldung, Warten auf die Passkontrolle, Warten auf den Zoll. Die Lkw-Fahrer warten entspannt und routiniert. Ein kleines Grüppchen deutscher Reisender vertreibt sich die Zeit mit Small Talk. Wir treffen Jens, einen Motorradreisenden. Das Rucksackpaar vom Straßenrand stößt hinzu, nachdem die beiden tatsächlich etwas Essbares gefunden haben. Noch zwei weitere, ziemlich verliebte junge Berliner sind dabei und knutschen fast ohne Unterbrechung.

Dank der rudimentären Russischkenntnisse, an die sich Jens noch aus dem DDR-Schulunterricht erinnert, gelingt uns die nächste Herausforderung. Zusammen mit einem georgischen Alleinreisenden warten wir abseits der Lkw auf die Zollabfertigung. Laut Jens möchte der Zöllner von uns 10 Euro »für einen Kaffee«. In höflichem Russisch wehrt Jens den noch höflicheren Erpressungsversuch ab – aus Prinzip. Auch Florian ist entschieden gegen Schmiergeldzahlungen. Nur der Georgier zahlt und Nora fragt sich, ob das nicht die klügere Wahl war.

Denn nun heißt es erst recht Warten.

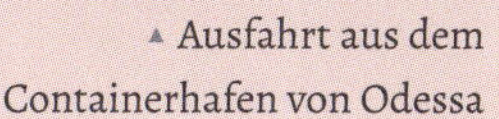

▲ Ausfahrt aus dem Containerhafen von Odessa

▲ Unser Wohnmobil am Terminal

▸ Blick auf Sewastopol

Ein Schweinetransporter geht an Bord, etliche Lkw, alle Fußpassagiere und sogar ein Güterzug. Schließlich wird auch Jens mit seinem Motorrad in den Bauch der arg in die Jahre gekommenen »MS Greifswald« gelassen (auch sie hat DDR-Geschichte).

Wir werden nervös. Ob man uns hier wegen 10 Euro zurücklassen wird?

Erst im letzten Moment landet auch das Wohnmobil an Bord. Begleitet vom verzweifelten Quieken der Schweine verlassen wir den lärmenden Laderaum und gehen an Deck.

Skurrile Seefahrt

Aus den Lautsprechern des Frachters erklingt dreimal täglich in herrischem Tonfall der Befehl zum sofortigen Erscheinen im Speisesaal. So in etwa stellen wir uns die Ansage auf einer sowjetischen Fregatte vor. Und wieder wird uns Buchweizen aufgetischt, was schon unser ständiger Begleiter in der Ukraine war. An Wurstwaren wird auf dem Schiff auch nicht gespart.

In einer Ecke des Speisesaals sitzen die wenigen Touristen beisammen. Neben uns nimmt ein polnisches Ehepaar Platz, das ein Abenteuer auf dem Frachtschiff einem langweiligen Flug vorzieht. Doch im Zentrum der Aufmerksamkeit stehen ein illustrer Gast aus den Vereinigten Staaten sowie seine Freundin aus Belarus. Der Amerikaner hat eine frappierende Ähnlichkeit mit Donald Trump, nur dass er sich lässig in Shorts und Hawaiihemd kleidet. Unter uns nennen wir ihn Donald und seine deutlich jüngere Freundin Tatjana.

Die beiden sind auf Weltreise. Wobei eine Weltreise mit Tatjanas Pass nur einen sehr eingeschränkten Radius ermöglicht. Nur wenige Länder gewähren ihr und ihren Landsleuten die Einreise. »Vor allem Diktaturen«, erklärt Donald lapidar.

Donald und Tatjana wohnen in der Suite. Er ist anscheinend wohlhabend, was er nicht müde wird zu betonen. Aus dem »Deal« zwischen den beiden wird auch kein Hehl gemacht: Er zahlt, sie kümmert sich ähnlich einer Krankenschwester um seine Gesundheit. Von den fettigen Fleischspeisen, die uns auf dem Frachter aufgetischt werden, darf Donald nur ungefähr jeden zweiten Bestandteil essen. Tatjana verteilt den Rest unter den anderen Reisenden. Weitere anzügliche Details des Arrangements der beiden, über die Donald ebenfalls sehr offen kommuniziert, behalten wir diskret für uns.

Tatjana ist ein Glücksfall für uns alle, denn sie übersetzt, als wir abends auf Deck mit den Lkw-Fahrern ins Gespräch kommen. Jens, Ramon und Claudia, Donald, Tatjana und wir trinken uns mit den Fahrern schnell durch das Sortiment des Duty-free-Shops. Einer der Fahrer ist schließlich so betrunken, dass er jedem, der gerade neben ihm sitzt, drei stets gleiche Sätze ins Ohr lallt. Den Abschluss bildet immer sein Toast: »Auf die internationale Freundschaft!«

Uns gefällt auch ein weiterer Fahrer, nennen wir ihn Dimitri. Er ist Ringer und sieht auch so aus. Aber hinter seinem sehr einschüchternden Äußeren kommt ein liebevoller und großherziger Familienvater zum Vorschein. Auch ein ganz junger Fahrer ist dabei und baggert Tatjana an, sobald Donald mal nicht hinguckt.

Der nächste Morgen ist hart. Hoher Wellengang und das Sortiment des Duty-free-Shops am Vorabend sind eine schlechte Kombination.

Wir schauen gerade von Deck aus auf die Krim, als Jens ein paar Meter weiter »die Fische füttert«, wie er es nennt. Dieses Schicksal ereilt dann auch Nora und ihre Sitznachbarin aus Polen. Florian will Abhilfe schaffen: Laut Jens' brandheißem Tipp sind an der Rezeption Tabletten gegen Reiseübelkeit erhältlich. Die Putzfrau händigt sie Florian in ein Taschentuch gewickelt aus. Nach der Einnahme verschläft Nora den Rest des Tages. Auch Jens und die Polin kommen erst zum Abendessen wieder völlig verschlafen aus ihren Kojen. Immerhin ist uns allen nicht mehr übel und Nora gönnt sich zur Sicherheit noch eine zweite Pille.

Wir sind traurig, als wir am dritten Morgen das Schiff und die neuen internationalen Freundschaften verlassen müssen. Doch so schnell ist das Abenteuer noch nicht zu Ende. Die letzten Herausforderungen lauten: »Lass dein Wohnmobil vom georgischen Zoll kontrollieren. Warte, bis Zug, Schweinelaster und alle Lkw von Deck sind. Und besorge dir dann noch eine georgische Autoversicherung.«

Ein letztes Geheimnis der Fahrt nehmen wir mit an Land: »Finde heraus, warum Nora heute die Welt wie durch einen Nebel wahrnimmt.« Vorsichtshalber hatten wir den Handelsnamen der Tabletten im Taschentuch notiert. Im Internet finden wir heraus, dass es sich um Promethazin handelt – also ein starkes Beruhigungsmittel. Bei besonders schweren Fällen kann Promethazin aber auch als Mittel gegen Übelkeit eingesetzt werden. Wir können es der Putzfrau daher nicht »verübeln«!

▲ Am Ziel: Blick auf Batumi

HERZHAFTE BUCHWEIZENGRÜTZE MIT SPECK, PILZEN UND HASELNÜSSEN
Kasha

Der erdig und nussig schmeckende Buchweizen ist aus der ukrainischen Küche kaum wegzudenken, wie wir auf der Fährfahrt bemerken. Wir bereiten Buchweizengrütze (Kasha) im Stile eines Risottos zu. Das funktioniert natürlich auch vegetarisch, also ohne Speck.

FÜR 4 PORTIONEN

1 Zwiebel
1 EL Butter
300 g Buchweizen
100 ml Weißwein
600 ml Gemüsebrühe
75 g Parmesan, gerieben
250 g Pilze nach Wahl (Champignons, Kräuterseitlinge, Buchenpilze, ...)
2 EL Sonnenblumenöl
2 Zweige Thymian
4 Scheiben Speck
100 g ganze Haselnüsse, geröstet
Salz
Pfeffer

1. Die fein gewürfelte Zwiebel in Butter glasig anschwitzen. Den Buchweizen abwaschen, in einem Sieb abtropfen lassen und mit anschwitzen, bis er Farbe angenommen hat.
2. Mit Wein ablöschen und diesen verkochen lassen. Anschließend die Gemüsebrühe angießen und köcheln lassen. Gelegentlich umrühren. Mit Salz und Pfeffer würzen, aber dabei beachten, dass der Parmesan noch reichlich Salzigkeit beisteuern wird.
3. Nach 15 Minuten Kochzeit sollte der Buchweizen die Flüssigkeit aufgenommen haben. Nun den Parmesan untermischen und das Gericht kurz stehen lassen.
4. Die Pilze mit einem Tuch oder einem Pinsel säubern, je nach Sorte in mundgerechte Stücke schneiden und kurz in sehr heißem Sonnenblumenöl braten. Den Thymian hinzufügen und die Mischung für später aufbewahren.
5. Eine Pfanne mit Backpapier auslegen, den Speck darauflegen, mit einer weiteren Schicht Backpapier bedecken und mit einem Topf beschweren. Bei mittlerer Hitze ca. 5 Minuten lang knusprig rösten. Danach den Speck auf dem unteren Backpapier auskühlen lassen.
6. Zum Schluss etwas Buchweizengrütze auf einen Teller geben. Mit den Pilzen, dem Speck und den Haselnüssen anrichten.

GRÜNER BORSCHTSCH

Borschtsch ist eine weltberühmte Spezialität. Die ukrainische Version mit Rote Bete und Weißkohl wurde sogar von der UNESCO zum immateriellen Kulturerbe gekürt. Wobei es die eine Version Borschtsch natürlich gar nicht gibt. Für die herzhafte Suppe existieren wohlmöglich so viele unterschiedliche Rezepte, wie Menschen in Osteuropa leben. Wir kochen einen fleischlosen Grünen Borschtsch mit aromatischem Sauerampfer, am besten frisch geerntet in der Saison. Auch der würzige Liebstöckel – das Borschtsch-Kraut schlechthin – darf nicht fehlen.

FÜR 6 PORTIONEN

2 EL Sonnenblumenöl
1 Zwiebel, fein gewürfelt
1 Knoblauchzehe, fein gewürfelt
1 Karotte, geschält und grob geraspelt
1 Petersilienwurzel, geschält und grob geraspelt
3 große Kartoffeln, geschält und grob geraspelt
1 EL Tomatenmark
1 EL Graupen
1,4 l Gemüsebrühe
Muskat
1 TL gemahlener Kümmel
2 Lorbeerblätter
1 frischer Zweig Liebstöckel
300 g Sauerampfer
2 EL Apfelessig (optional)
Salz
Pfeffer

FÜR DIE GARNITUR

1 Bund Dill
½ Bund Frühlingszwiebeln
2 hart gekochte Eier
150 g Schmand

1. In einem großen Topf das Sonnenblumenöl erhitzen, um die Zwiebel- und Knoblauchwürfel darin glasig zu dünsten.
2. Anschließend die Karotten, Petersilienwurzeln und Kartoffeln sowie das Tomatenmark und die Graupen hinzufügen, alles verrühren und mit der Gemüsebrühe auffüllen. Würzen mit Salz, Pfeffer, Muskat, Kümmel, Lorbeer und Liebstöckel. 30 Minuten sanft köcheln.
3. Dann den Sauerampfer waschen, grob schneiden und in der Suppe weitere 5 Minuten lang sanft köcheln.
4. Den Grünen Borschtsch ggf. nachwürzen. Wem die Säure vom Sauerampfer nicht reicht, der hilft noch mit etwas Apfelessig nach.
4. **Für die Garnitur** den Dill grob zerkleinern, die Frühlingszwiebeln in feine Ringe sowie die hart gekochten Eier in Würfel schneiden. Die Garnierung zusammen mit dem Schmand auf der Suppe anrichten.

SÜSSE GEFÜLLTE TEIGTASCHEN MIT KIRSCHEN, SCHMAND UND HONIG
Wareniki

Wie eng unsere östlichen Nachbarn kulturell miteinander verwoben sind, merken wir auch auf ihren Tellern. Wareniki erinnern uns sowohl an russische Pelmeni als auch an polnische Piroggen. Wir essen die mit Hackfleisch, Käse, Pilzen, Sauerkraut oder Kartoffeln gefüllten Teigtaschen in den schicken und hippen Cafés Odessas. In einem unauffälligen Hinterhof, nahe einer orthodoxen Kirche, bereitet eine leicht gestresste Köchin die Spezialität für hungrige Kirchgänger und Angestellte zu. Wir kommen kurz vor der kulinarischen Rush Hour zum Mittagstisch. Stilecht an einem winzigen Tisch mit blumiger Plastiktischdecke sitzend lernen wir hier die süße Variante der Wareniki kennen und lieben.

FÜR 4 PORTIONEN

1 Ei
300 g Weizenmehl
400 g Kirschen, entsteint
100 g Zucker
150 g Schmand
Honig
Salz

1. Für den Teig das Ei mit 100 ml Wasser und 1 Prise Salz verquirlen.
2. Das Mehl auf die Arbeitsfläche sieben und in der Mitte des Mehlhaufens eine Kuhle bilden. Nun die flüssige Mischung in die Kuhle gießen und langsam mit einer Gabel in kreisenden Bewegungen das Mehl einarbeiten. Sobald sich das gesamte Mehl mit der Flüssigkeit vermischt hat, den Teig mindestens 10 Minuten lang mit den Händen kräftig kneten, bis er sich fest und geschmeidig anfühlt. Den Teig 2 Stunden lang, am besten in Frischhaltefolie eingewickelt, im Kühlschrank ruhen lassen.
3. In der Zwischenzeit die entsteinten Kirschen mit dem Zucker vermischen und stehen lassen, bis der Zucker aufgelöst ist.
4. Den kalten Teig mit einem Nudelholz (oder noch einfacher: mit einer Nudelmaschine) dünn ausrollen.
5. Mithilfe einer Ausstechform oder eines Trinkglases Kreise mit einem Durchmesser von ca. 8 cm ausstechen. Immer wieder ausrollen, bis der ganze Teig verbraucht ist.
6. Zum Füllen der Wareniki jeden Kreis mit halbierten Kirschen belegen und den Teig zu einem Halbkreis zusammenfalten. Darauf achten, dass keine Luft in der Teigtasche eingeschlossen wird, denn die Wareniki könnten sonst beim Kochen aufgehen. Die Ränder werden nun durch den Druck einer Gabel verschlossen.
7. Salzwasser aufkochen, die Wareniki vorsichtig hineingeben und so lange kochen, bis sie oben schwimmen. Den Topf von der Herdplatte nehmen und die Wareniki noch kurz im Wasser ziehen lassen. Zum Schluss mit einer Schaumkelle vorsichtig herausheben.
8. Mit Schmand und etwas Honig garnieren.

GEORGIEN

Das georgische Dorf
Uschguli in Swanetien

▲ Unterwegs in Richtung Mestia: Stausee in Swanetien

TRADITION UND MASSENTOURISMUS

Erschöpft von der Fährfahrt und der bürokratischen Zollabfertigung verlassen wir den Hafen von Batumi und landen in einer Glitzerwelt mit futuristischen Bauten, beleuchteten Fassaden, einem Riesenrad und einer prächtigen Strandpromenade. Unser in die Jahre gekommenes Wohnmobil wirkt hier etwas deplatziert, als wir es zwischen wuchtigen Hotels und blinkenden Kasinos parken.

Schon nach zwei Tagen flüchten wir aus der boomenden Metropole. Unser Ziel: die unberührte Natur Swanetiens. Über eine traumhafte Passstraße, vorbei an einem türkisblauen Stausee, gelangen wir nach Mestia, mitten ins touristische Herz der Region. Das Dorf in wunderschöner Lage ist dann doch gar nicht mehr so unberührt, wie wir dachten. Stattdessen ist die Region in schnellen Schritten auf dem Weg in Richtung Massentourismus. Viele Einheimische haben ihre Gärten zu Campingplätzen umfunktioniert, die sich dicht aneinanderreihen. Wir sind bei Weitem nicht die einzigen Wohnmobilisten, und die Gegend ist auch in der Vanlife-Szene sehr beliebt.

In einer traditionellen Bäckerei probieren wir zum ersten Mal das üppige Brotsortiment des Landes. Die Restaurants hingegen sind ganz auf ihre ausländische Kundschaft eingestellt und bieten internationale Küche und englischsprachigen Service. Taxifahrer preisen uns lautstark ihr reichhaltiges Tourenangebot an. Wir lassen unser Wohnmobil auf dem Campingplatz stehen und buchen ein Ticket ins Abenteuer.

»You give me 10 10 10« oder: Strukturwandel auf Georgisch

Voller Vorfreude auf einen »Homestay«, also eine Übernachtung unter einem Dach mit Einheimischen, brechen wir nach Uschguli in Georgien nahe der russischen Grenze auf. Eine Reisereportage hat uns für dieses besonders authentische Reiseerlebnis begeistert.

Rumpelnd macht sich die *marschrutka* (Kleinbus) mit uns und anderen Passagieren auf den Weg nach Uschguli. Es handelt sich um einen in die Jahre gekommenen Ford Transit: Geheimwaffe des öffentlichen Verkehrs in Osteuropa, gerne auch mal mit der ursprünglichen deutschen Werbebeschriftung für eine Bäckerei oder einen Handwerksbetrieb versehen.

Die Straße besteht streckenweise lediglich aus Schlamm, über den sich ein reißender Wasserschwall ergießt, um dann mehrere Hundert Meter tief den Berg hinabzustürzen. Geröll liegt herum, Absperrungen sind nicht vorhanden, was den Fahrer jedoch nicht vom Telefonieren abhält. Wir sehen uns im Geiste schon in den Abgrund fallen und sind froh, unser Wohnmobil stehen gelassen zu haben. Aber uns kann ja nichts passieren: Jedes Mal, wenn wir an einer Kirche vorbeifahren, bekreuzigt sich der Fahrer und küsst routiniert das vom Rückspiegel herunterbaumelnde Holzkreuz.

Heil im Dorf angekommen, begrüßt uns das sonore Brummen der Dieselgeneratoren, die den Einwohnern bei den häufigen Stromausfällen aushelfen müssen. Russische Militärlaster stehen als Arbeitsfahrzeuge in den Gärten. Die Restaurants werben mit vorgefertigten Fotos von Speisen, von denen es am Ende nur einen Bruchteil tatsächlich im Angebot gibt.

Die landwirtschaftliche Prägung des Dorfes ist deutlich sichtbar: Schweine suhlen sich auf der Straße im Dreck. Das Kino ist in einem ehemaligen Schweinestall untergebracht. Es läuft gerade der Film »Dede« über die bis 2004 in der Region um Uschguli praktizierte Blutrache zwischen verfeindeten Familien. Trau keinem über 30, denken wir.

Eine ruppige Gastwirtin heißt uns in unserer Unterkunft willkommen. Das Zimmer haben wir über eine weltweit bekannte Internetbuchungsplattform reserviert. Die Auswahl war groß, denn in Uschguli scheint inzwischen jedes zweite Haus ein »Hotel« zu sein. In unserem Fall handelt es sich dabei um ein sehr einfaches Gasthaus in einem unverputzten Neubau.

»I don't like it [Buchungsplattform]«, sagt die Gastwirtin mit vorwurfsvollem Blick bei der Begrüßung. Sie möchte, dass wir das Zimmer bei der Plattform stornieren und sie bar bezahlen. Verständlich, da solche Plattformen den Vermietern hohe Provisionen abknüpfen. Gleichzeitig sind sie für uns oft die einzige Möglichkeit, ohne Fremdsprachenkenntnisse ein Zimmer zu finden.

Sie überlegt es sich dann doch anders: »You know what, I give you better room and you give me 10 10 10!« Wir brauchen eine Weile, um das zu verstehen: Gegen ein Upgrade unseres Zimmers ohne Aufpreis verlangt sie eine positive Bewertung auf der Plattform. Eine Marketingmaßnahme.

Das »Upgrade« besteht dann aus einem Raum mit 80er-Jahre-Möbeln und einer Duschbrause, die sich ohne Vorhang direkt neben der Toilette befindet und aus dem Toilettenkasten gespeist wird. Nach einer Dusche steht das gesamte Bad unter Wasser.

Wer sich also jemals gefragt hat, wie die hervorragenden Bewertungen zustande kommen …

◂ Kino in Uschguli

▾ Esel und andere Nutztiere laufen im Dorf frei herum

GEORGIENS UNZÄHLIGE GESICHTER

Nach unseren Erlebnissen im urigen Uschguli treffen wir in Tiflis auf eine gut entwickelte touristische Infrastruktur. In der Erekle-Straße übertrumpfen sich die Restaurants mit ihren Angeboten, so wie wir es aus den Fressgassen von Frankfurt am Main, Brüssel oder anderswo kennen. Wir bestaunen die Jugendstilvillen, hinter deren teils bröckelnden Fassaden sich der Glanz vergangener Tage erahnen lässt, schlendern durch die belebten Gassen der Altstadt, besichtigen die orthodoxen Kirchen und essen köstlich süßes Rosinenbrot.

Mit unseren Fahrrädern, die uns vom Stadtrand ins Zentrum bringen sollen, sind wir ziemlich allein auf der Straße. Wir atmen den ungefilterten Ruß des dichten georgischen Verkehrs ein und haben ständig Angst, überfahren zu werden. Als Radfahrer müssen wir den Autos und Lastern ausweichen und als Fußgänger auch noch den elektrischen Minifahrzeugen, in denen hier in Georgien (aber auch in der Türkei) schon Kleinkinder über die Promenade düsen.

Unser Tifliser Hostel ist eher einfach eingerichtet. Dazu passt das Bier aus Ein-Liter-Plastikflaschen, das es hier überall zu kaufen gibt. Wir trinken es zusammen mit den anderen Gästen: Campern aus Österreich und Deutschland, die mit ihren Wohnmobilen und Vans im Hinterhof parken, sowie turkmenischen Gastarbeitern und armenischen Touristen, die die einfachen Mehrbettzimmer bewohnen. Da sich die bunt zusammengewürfelte Runde so gut versteht, wird zu späterer Stunde noch armenischer Weinbrand verkostet.

Nach ein paar Tagen im Großstadtdschungel fahren wir auf der georgischen Heerstraße in Richtung Großer Kaukasus. Uns kommen mehr und mehr Lastwagen mit russischen Kennzeichen entgegen, da wir der Landesgrenze sehr nahe kommen.

Orte wie Gudauri wirken außerhalb der Skisaison mit ihren schmucklosen Hotelburgen wie ausgestorben. In Stepanzminda erblicken wir endlich das Postkartenmotiv von Georgien schlechthin: die Gergetier-Kirche mit dem imposanten Berg Kasbeg im Hintergrund. Zusammen mit Wanderfreunden aus aller Welt kämpfen wir uns vom Besucherparkplatz vor der Kirche eine Stunde in die Bergwelt hinauf, um einen noch besseren Ausblick auf Gergeti zu erhalten. Ganz schön dünn die Luft hier oben! Wir stellen fest, dass der Große Kaukasus unser Fitnesslevel übersteigt, und gehen zurück in unser Wohnmobil, wo wir es uns mit der Heizung und einem warmen Tee in luftigen Höhen gemütlich machen.

Auf dem Weg zurück in die Türkei legen wir noch einen Zwischenstopp in Bordschomi ein. Aus einem Pavillon kommen uns immer wieder Menschen mit Wassergläsern und -flaschen entgegen, aus denen sie eine salz- und schwefelhaltige lauwarme Brühe trinken. Wir sind in einem Kurort gelandet, der sich mit seinen bunten Holzhäuschen und den noch bunteren Souvenirläden nach dem Geschmack von Touristen aus Russland und der arabischen Halbinsel richtet. Am Ende des Kurparks landen wir plötzlich in einer Glitzerwelt – das hätten wir in einem Kurort nicht erwartet. Wir sind perplex, als wir uns in einem riesigen Jahrmarkt mit Fressbuden und Fahrgeschäften wiederfinden. Ein bisschen wie Oktoberfest in Baden-Baden!

▲ Vielleicht die meistfotografierte Ansicht in Georgien: die Gergetier Dreifaltigkeitskirche in der Nähe von Stepanzminda im Großen Kaukasus

▸ Polaroid: Freude! Wir haben es nach einer anstrengenden Wanderung im Kaukasus auch über diese wacklige Brücke geschafft

▾ Kühe, Esel, Pferde, Schweine, Hühner – Nutztiere werden in Georgien weitgehend ohne Zaun und Stall gehalten und mischen sich fröhlich unter die menschlichen Bewohner und Besucher. Das erfordert Aufmerksamkeit im Straßenverkehr und kann schon mal zu kuriosen Situationen führen

▴ Da wir beide von einer kritischen Erinnerungskultur geprägt sind, irritiert uns der Besuch im Stalin-Museum im georgischen Gori, nordwestlich von Tiflis. Leben und Schaffen des berühmtesten Sohnes der Stadt wird recht unkritisch gewürdigt. Neben Stalin-Wein, Stalin-Taschen und Stalin-Shirts gibt es auch diese Stalin-Trinkflasche im Museumsladen

◂ Meister der Improvisation: Bei Achalkalaki im Süden des Landes wurde ein ausrangierter Eisenbahnwagon zur Brücke umfunktioniert

GEHEIMTIPP FÜR FOODIES

Die georgische Küche wird in der Foodszene immer beliebter. Das Land ist für qualitativ hochwertige Produkte und raffinierte Rezepte bekannt, die vor aromatischen Kräutern und Gewürzen strotzen.

Auch bei den »Klassikern« braucht sich Georgien nicht zu verstecken: Von Brot über Käse bis Wein und Spirituosen wurden Traditionen kultiviert und verfeinert und so sind hochwertige Produkte im ganzen Land zu finden – am häufigsten in den großen Städten.

▲ Eine typische georgische Mahlzeit: Ajapsandali (gedünstetes Gemüse mit Tomaten, Mitte oben) und Gufta (Hackbällchensuppe, links), als Beilage Kartoffel-Wedges und frische Salate

▸ Schotis Puri: Das Brot wird an den Wänden des runden Lehmofens klebend über der Glut gebacken. Das Loch im Brot entsteht beim Entnehmen des Laibes mit einem Haken

▲ Eine Art natürliches Kaubonbon hängt an Straßenständen von den Stangen der Buden herunter: Tschurtschchela, das wir so ähnlich auch in den Nachbarländern gesehen haben. Nüsse werden an Fäden aufgezogen, in Fruchtsaftkonfitüre getaucht und getrocknet

▲ Das Land bietet eine Fülle an Käsesorten mit wohlklingenden Namen wie Sulguni, Guda, Kalti oder Tenili. In Georgien wird für Chatschapuri teilweise so viel Käse verwendet, dass das gefüllte Käsebrot nicht gerade ein leichter Snack ist

▲ In dem gelben Tank, der auf einem Anhänger montiert ist und am Straßenrand parkt, könnte man Benzin vermuten, doch stattdessen wird hier »Kwas« abgefüllt – ein Getränk aus vergorenem Weizen. Ein ähnliches Getränk hatten wir bereits in der Türkei probiert: Boza. Dem Getränk und den Menschen, die es in Istanbuler Straßen verkaufen, setzte Orhan Pamuk mit »Diese Fremdheit in mir« ein literarisches Denkmal

▲ Beliebter georgischer Schnaps: der Tschatscha, ein Tresterbrand. Die Trinkkultur ist im Land etwas gesitteter als in Deutschland, denn es wird nicht einfach drauflosgetrunken. Zuvor werden jedes Mal reihum Trinksprüche ausgesprochen. Der Gastgeber beginnt und mit zunehmendem Pegel oder größerer Sprachbarriere können die Sprüche sich auch mal zu einer längeren Rede ausweiten

AUBERGINENRÖLLCHEN MIT WALNUSSFÜLLUNG UND GRANATAPFEL
Badridschani Nigvzit

Auberginenröllchen sind in Georgien eine sehr beliebte Vorspeise. Die leicht bittere Walnussfüllung harmoniert großartig mit dem süß-sauren Granatapfel und passt gut zu traditionellem georgischem Wein. Der in Tonamphoren (quevri) *gegorene Rebensaft ist ein Geheimtipp unter Weinliebhabern in Deutschland. Auf einem Weingut in Kachetien kosten wir den Wein zusammen mit vorzüglichen Kleinigkeiten und fühlen uns zwischen den Weinreben an unsere mittelrheinische Heimat erinnert.*

FÜR CA. 14 RÖLLCHEN

2 große Auberginen
4 EL Olivenöl
2 Knoblauchzehen
2 Zweige Rosmarin
Salz
Pfeffer

FÜR DIE FÜLLUNG

150 g Walnüsse
2 EL Olivenöl
1 Zwiebel, gewürfelt
2 Knoblauchzehen, fein geschnitten
1 TL Paprikapulver
½ TL Chilipulver
½ TL Kreuzkümmel
¼ Bund Koriander
¼ Bund Petersilie
½ TL getrocknete Minze (Nane)
½ Bio-Zitrone (Abrieb und Saft)
1 Granatapfel
etwas Granatapfelsirup
Salz
Pfeffer

1. Nach dem Entfernen der Strünke die Auberginen längs in Scheiben schneiden (ca. 8 mm breit). Die Scheiben mit Salz und Pfeffer würzen und in heißem Olivenöl auf beiden Seiten braun anbraten. Den Knoblauch ungeschält andrücken und mit Rosmarin als Aromaten mit in die Pfanne geben. Die Auberginenscheiben zum Abkühlen auf Küchenpapier legen, um das überschüssige Öl aufzusaugen.
2. **Für die Füllung** die Walnusskerne trocken anrösten. Ein paar für die Dekoration beiseitelegen. Danach etwas Olivenöl in die Pfanne geben und die Zwiebelwürfel langsam anbraten. Walnüsse, Zwiebeln, Knoblauch, Kräuter und Gewürze in einem Zerkleinerer oder einer Küchenmaschine zu einer Paste verarbeiten. Abschmecken mit Zitronensaft, Zitronenabrieb, Salz und Pfeffer.
3. Nun die Kerne des Granatapfels herauslösen. Das geht am saubersten, wenn man die Frucht halbiert und das obere und untere Ende des Granatapfels abschneidet, die Frucht in einer Schüssel unter Wasser aufbricht und die Kerne herauspult. Die Kerne sinken dann nach unten und die weißen Trennhäute schwimmen nach oben.
4. Die Hälfte des Granatapfels in die Füllung mischen.
5. Jeweils 1 EL Füllung auf das untere Drittel der Auberginenscheiben setzen und einrollen.
6. Die Auberginenröllchen am besten 1–2 Stunden durchziehen lassen. Mit der anderen Hälfte der Granatapfelkerne, Granatapfelsirup sowie ein paar Walnusskernen anrichten.

№1

WÜRZIGER RINDERSCHMORTOPF
Chashushuli

Die für den westeuropäischen Gaumen eher ungewöhnliche Kräuterkombination ist das Herzstück des Gerichts!

FÜR 4 GROSSE PORTIONEN

- 1 kg Rindfleisch (gut durchwachsene Schmorstücke wie Wade oder hohe Rippe)
- 3 EL Öl
- 1 EL Pimentkörner
- 1 TL schwarze Pfefferkörner
- 600 g Zwiebeln
- 2 Knoblauchzehen
- 80 g Tomatenmark
- 30 g brauner Zucker
- 300 ml Rinderbrühe
- 250 g passierte Tomaten
- 2 rote Paprikaschoten, gewürfelt
- 1 TL Schabzigerklee
- 1 Lorbeerblatt
- 1 TL gemahlener Koriander
- 1 Chili
- 50 g Butter
- 1 TL Apfelessig
- ½ Bund Koriander
- ½ Bund glatte Petersilie
- ½ Bund Basilikum
- Salz

1. Das Fleisch würfeln (ca. 2,5 cm Seitenlänge), salzen und in Öl kräftig anbraten. Piment und Pfeffer grob zerstoßen und hinzufügen. Zwiebeln in grobe Ringe schneiden, Knoblauch fein würfeln und beides mit anschwitzen.
2. Tomatenmark und braunen Zucker hinzufügen und mit anbraten, bis der Zucker leicht karamellisiert. Rinderbrühe, passierte Tomaten und Paprika dazugeben und alles bei geschlossenem Deckel für 45 Minuten sanft schmoren. Schabzigerklee, Lorbeerblatt, Koriander, Chili, Butter und Apfelessig hinzufügen und ca. 1,5 Stunden lang weiter schmoren, bis das Fleisch fast zerfällt. Abschmecken mit Salz. Alle Kräuter grob hacken und ganz zum Schluss untermischen.

Tipp Zum Schmortopf schmeckt hervorragend Chatschapuri (S. 134).

KLEESORTEN

Viele georgische Rezepte enthalten Schabzigerklee, der in Südtirol auch zum Backen des Vinschgauer-Brotes verwendet wird. Rezepte im Internet ersetzen den Schabzigerklee gern durch seinen Verwandten, den leichter erhältlichen Bockshornklee. Geschmacklich unterscheiden sich die beiden Kleesorten jedoch: Schabzigerklee ist ein bisschen würziger und enthält etwas weniger Heunote als die Blätter des Bockshornklees.

GEFÜLLTES BROT
Chatschapuri

Chatschapuri, einem mit Käse gefüllten Brot, begegnet man in Georgien in Bäckereien, Imbissständen und Restaurants. Verwendet wird ein aromatischer Käse namens Sulguni, der in Deutschland aber kaum erhältlich ist. Deshalb improvisieren wir mit Gouda, Mozzarella und Frischkäse. Als Alternative zum Käse stellen wir noch eine Füllung mit Kidneybohnen vor.

FÜR 4 GROSSE BROTE

FÜR DEN TEIG (48 STUNDEN)

750 g Weizenmehl Typ 00
4 g Trockenhefe
10 g Salz
Öl für die Schüsseln

FÜR DIE KÄSEFÜLLUNG

200 g Gouda o. Ä., gerieben
150 g Mozzarella, gerieben
150 g Frischkäse

FÜR DIE ALTERNATIVE BOHNENFÜLLUNG

1 Zwiebel
1 EL Olivenöl
1 Dose Kidneybohnen
150 g Joghurt
½ Bund Petersilie, gehackt
1 Prise Zimt
½ TL Kreuzkümmel
½ TL Chiliflocken
Salz

ZUM EINPINSELN

1 Ei
2 EL Milch
etwas geschmolzene Butter

1. **Für den Teig** die trockenen Zutaten vermischen und dann 450 ml Wasser hinzugeben. Nun ca. 5 Minuten lang kneten (am besten in einer Küchenmaschine), bis der Teig nicht mehr am Schüsselrand klebt und sich elastisch anfühlt. Bei Bedarf etwas mehr Mehl hinzufügen. Nun alles in eine eingeölte Schüssel geben und abgedeckt 24 Stunden lang bei Raumtemperatur stehen lassen.
2. Nach 24 Stunden den Teig noch mal mithilfe einer Teigkarte durchkneten, in vier gleich große Stücke teilen und in vier separate, eingeölte kleine Schalen geben. Den Teig abgedeckt weitere 24 Stunden lang reifen lassen, diesmal im Kühlschrank.
3. Vor der Verarbeitung den Teig ca. 1 Stunde lang wieder Raumtemperatur annehmen lassen.
4. **Für die Käsefüllung** die verschiedenen Käsesorten gut miteinander vermischen.
   Für die alternative Bohnenfüllung zuerst die Zwiebel fein würfeln und in Olivenöl glasig dünsten. Die abgekühlten Zwiebeln mit den abgetropften Bohnen, dem Joghurt, der Petersilie und den Gewürzen pürieren. Kräftig abschmecken.
5. Nun die einzelnen Teigportionen per Hand und mit etwas Mehl vorsichtig auf die Größe einer Pizza ziehen. Man nutzt hier kein Nudelholz, um keine Luft aus dem Teig herauszudrücken.
6. Jeweils eine faustgroße Portion Füllung auf den Teig legen und vorsichtig etwas verteilen. Den Teig an den Rändern fassen, diese nach oben ziehen und zu einer Art Päckchen zusammenfalten. Mit Mehl bestäuben und das Päckchen vorsichtig mit der Verschlussseite nach unten auf ein Backblech mit Backpapier legen.
7. Nun das Chatschapuri vorsichtig wieder auf die Größe einer Pizza ziehen. In die Mitte des Teiges mit den Fingern ein kleines Loch in die Oberfläche reißen. Durch diesen »Kamin« kann die Feuchtigkeit beim Backen austreten.
8. Das Brot nun mit einer Eier-Milch-Mischung einpinseln und im vorgeheizten Backofen bei 220 °C (Umluft) 20 Minuten lang backen. Nach dem Backen mit Butter bestreichen.

Wir kombinieren ein 48-Stunden-Gärverfahren für Hefeteig mit Chatschapuri. Dieser Teig funktioniert auch wunderbar für Pizza. Der Planungsaufwand lohnt sich, denn durch die lange Teigreife entwickeln sich großartige Aromen. Wem das zu lange dauert, der benutzt einfach die dreifache Menge Trockenhefe und lässt den Teig etwa 1,5 Stunden lang gehen.

GRÜNE GEWÜRZPASTE MIT KARTOFFELN, ZIEGENJOGHURT UND WILDKRÄUTERN

Adschika

Diese Interpretation der Gewürzpaste Adschika kommt mit geballter Kräuter-Power. Es lohnt sich, den Schabzigerklee zu verwenden, der mit seinem würzigen, leicht bitteren Aroma typisch für die georgische Küche ist (S. 133). Die Paste lässt sich wunderbar mit vielen Gerichten kombinieren und ist durch ihren hohen Salzgehalt bis zu drei Monate lang im Kühlschrank haltbar. Die Variante mit Joghurt und zerdrückter Kartoffel ist nur eine von vielen Einsatzmöglichkeiten.

GRÜNE ADSCHIKA

ERGIBT CA. 2 EINMACHGLÄSER (À 290 G)

2 grüne Paprikaschoten
4 grüne Peperoni
3 Stangen Staudensellerie
1 grüner Apfel, ungeschält
4 Knoblauchzehen
3 Stängel Minze
½ Bund Koriander
½ Bund Dill
½ Bund glatte Petersilie
3 Blätter Liebstöckel
1 EL Schabzigerklee
3 EL Apfelessig
3 EL Traubenkernöl (oder anderes geschmacksneutrales Öl)
Abrieb von 1 Bio-Zitrone
1 EL grobes Meersalz
1 EL Zucker
1 TL gemahlener weißer Pfeffer

1. Das Gemüse waschen und das Kerngehäuse von Paprika und Apfel entfernen. Alle Zutaten grob zerkleinern. Mit Essig und Öl in einem Mixer vermischen.
2. Mit Zitronenabrieb, Meersalz, Zucker und Pfeffer abschmecken. Am besten in Schraubgläsern im Kühlschrank aufbewahren. Vor dem Verzehr mindestens 12 Stunden lang durchziehen lassen.

ZERDRÜCKTE KARTOFFELN MIT ZIEGENJOGHURT

FÜR 4 PORTIONEN

1 kg Kartoffeln mit Schale, vorwiegend festkochend
1 TL ganzer Kümmel
1 Lorbeerblatt
250 g Ziegenjoghurt (oder normaler Joghurt)
ca. 150 g Wildkräuter, gemischt, je nach Verfügbarkeit
Salz

1. Die Kartoffeln waschen und in Salzwasser (das Wasser sollte schmecken wie Meerwasser) mit Kümmel und Lorbeer für ca. 35 Minuten gar kochen. Kartoffeln abschütten und im heißen Topf ausdampfen lassen, bis die Schale trocken ist.
2. Nun die Kartoffeln mit einer Gabel leicht andrücken, sodass die Schale aufplatzt, und mit Joghurt und Adschika anrichten.
3. Verschiedene Wildkräuter, je nach Verfügbarkeit aus dem eigenen Garten oder dem Feinkostgeschäft, als Salat anrichten. Von Fenchelblüten über Giersch, Brennnessel bis hin zu Löwenzahn sind der Fantasie keine Grenzen gesetzt.

TEIGTASCHEN MIT FLEISCH- ODER PILZFÜLLUNG
Chinkali

Der Verzehr der georgischen Teigtaschen Chinkali ist nicht besonders appetitlich: am Knoten festhalten, reinbeißen und die flüssige Füllung wie bei einer Auster schlürfen. Die Teigtaschen werden wahlweise als georgische Version von schwäbischen Maultaschen oder chinesischen Dumplings betitelt. Wir finden Geschmack und Architektur der Chinkali jedoch ziemlich einzigartig. Deshalb besuchen wir auch eines der vielen Restaurants in Tiflis, das sich auf die Herstellung der Teigtaschen spezialisiert hat. Ein echter Renner spätabends in den Straßen der georgischen Hauptstadt. Ganze Großfamilien verspeisen riesige Portionen der Nudeln am Nebentisch. Ein unvergessliches Erlebnis!

FÜR CA. 15 TEIGTASCHEN

FÜR DEN TEIG

500 g Mehl Type 405
1 EL Sonnenblumenöl
1 Prise Salz

FÜR DIE FLEISCHFÜLLUNG

300 g Hackfleisch (Schwein/Rind)
1 große Zwiebel, grob gewürfelt
2 Knoblauchzehen, fein gewürfelt
½ Bund Koriander, grob gehackt
1 kleine Chilischote
½ TL gemahlener Kreuzkümmel
½ TL Paprikapulver
1 TL schwarzer Pfeffer, grob gemahlen
ca. 200 ml kalte Fleisch- oder Gemüsebrühe
Salz

FÜR DIE ALTERNATIVE PILZFÜLLUNG

80 g Butter, 2 Zwiebeln, fein gewürfelt, 400 g Champignons, in sehr feine Würfel geschnitten, 2 Knoblauchzehen, fein gewürfelt, ½ TL Kreuzkümmel, 100 ml Weißwein, ½ Bund Dill, ½ Bund Schnittlauch, Salz, ½ TL schwarzer Pfeffer, grob gemahlen, Chiliflocken (optional)

ZUM ANRICHTEN

200 g Butter
2 Zwiebeln, feine Ringe
½ Bund Dill

1. **Für den Teig** Mehl, Öl und Salz in eine Knetmaschine geben und 250 ml Wasser langsam einlaufen lassen. Mehrere Minuten lang kneten, bis der Teig sich vom Schüsselrand löst und ziemlich fest, aber noch elastisch ist. Anschließend muss der Teig, fest in Klarsichtfolie eingewickelt, mindestens 1 Stunde lang ruhen. Inzwischen die Füllung herstellen.
2. **Für die Fleischfüllung** das Hackfleisch mit den restlichen Zutaten außer der Brühe vermischen und in einer Küchenmaschine unter langsamer Zugabe der Brühe zu einer Art Fleischbrei (Farce) verarbeiten. Die Konsistenz sollte breiig sein. Dazu wird, je nach Struktur des Fleisches, eine unterschiedliche Menge Brühe benötigt. Die Farce mit Salz abschmecken. Sie sollte pikant schmecken.

   Für die alternative Pilzfüllung die Butter erhitzen und die Zwiebelwürfel darin glasig dünsten. Champignonwürfel und Knoblauch hinzufügen, mit Salz, Pfeffer und Kreuzkümmel würzen und braten, bis die ausgetretene Flüssigkeit anfängt zu reduzieren. Mit dem Weißwein ablöschen und wieder reduzieren. Die Füllung sollte nicht zu kompakt sein, sondern die Konsistenz von Brei haben. Frisch geschnittenen Dill und Schnittlauch zugeben. Wer es etwas schärfer mag, kann zusätzlich zu reichlich schwarzem Pfeffer noch etwas Chiliflocken benutzen. Die Pilzfüllung in einem flachen Gefäß auskühlen lassen.

3. Den Teig zu einem Strang rollen und mit einer Teigkarte 15 einzelne Portionen abteilen. Die Teigportionen mit dem Nudelholz oder einer Nudelmaschine gleichmäßig und nicht zu dünn in runder Form ausrollen. Der Durchmesser sollte etwa handtellergroß sein.
4. In die Mitte jeder Teigtasche eine etwa esslöffelgroße Portion Füllung legen. Nun die Seitenränder rundherum anheben und in der Mitte nach und nach zusammenraffen, damit einzelne Falten entstehen. Am Schluss die Spitze zusammendrücken.
5. Die Teigtaschen in reichlich Salzwasser 15 Minuten kochen lassen und mit einem Schaumlöffel vorsichtig herausheben.
6. **Zum Anrichten** Butter in einer großen Pfanne erhitzen, bis sie leicht braun wird. Erst die Zwiebelringe hineingeben und langsam Farbe annehmen lassen. Danach die Teigtaschen in der Pfanne kurz anbräunen.

6\. Die Chinkali in einer tiefen Schale mit den Zwiebeln, der braunen Butter und etwas grob gezupftem Dill anrichten.

ASERBAIDSCHAN

Gebirgslandschaft
im Bezirk Quba

▲ Übernachtungsplatz vor der Caspian Waterfront Mall in Baku, inspiriert von der Oper in Sydney

▲ Stillleben eines Privatgartens in einem aserbaidschanischen Dorf

◂ Die »Candy Cane Mountains« im Bezirk Khizi mit ihren rosaroten Marmorierungen sind ein außergewöhnliches Naturschauspiel

GEGENSÄTZE AM KASPISCHEN MEER

Über Georgien reisen wir nach Aserbaidschan – in ein Land voller Überraschungen. Neben kargen Steppen erwarten uns auch fruchtbare Gegenden. Wir lieben den Trubel und die Herzlichkeit, die uns hier begegnen. Als Touristen spüren wir wenig von der autoritären Herrschaft – außer dass der Präsident von überlebensgroßen Postern und Wandgemälden auf uns herabblickt.

▲ Ein Schlammvulkan mit angeblich verjüngender Wirkung

▲ Polaroid: vor dem Schlammvulkan

▸ Stilles Gebet in einer Moschee in Baku

Wir fahren zur russischen Grenze bei Quba und dann ans Kaspische Meer, wo wir schon von Weitem die Ölraffinerien und Bohrtürme erblicken. Das Geld aus der Ölindustrie scheint fast ausnahmslos in Richtung Baku zu fließen.

In der Nähe der Metropole, bei Qobustan, besichtigen wir einen Schlammvulkan. Auf der holprigen Piste verstehen wir, dass die dortigen Taxifahrer uns nicht nur aus Geschäftstüchtigkeit von einer Fahrt mit dem Wohnmobil abgeraten haben. In einem Lada düsen wir, gefolgt von weiteren Touristentaxis, über Sand, Geröll und Pfützen das unwegsame Gelände hinauf. Die russischen Mini-Jeeps sind das bevorzugte Fahrzeug auf aserbaidschanischen Straßen. Wir wundern uns, wie die Autos trotz Staub häufig so blitzeblank und ohne einen einzigen Kratzer unterwegs sind. Am Ziel angekommen, zeigt uns der Taxifahrer ein Schlammloch: Aus dem Erdinneren wabert eine für uns undefinierbare braungraue Masse an die Oberfläche. Eine russische Touristin massiert sich den Schlamm ins Gesicht und schwört auf den Anti-Aging-Effekt. Wir füllen uns auch eine Flasche ab: Sicher ist sicher!

SIRUP

Unsere Herzen sind noch erfüllt von einer Einladung zum Tee in das Haus einer aserbaidschanischen Familie, als wir mit den Essensvorbereitungen im Wohnmobil beginnen.

Die ganze Familie – Männer direkt am Tisch sitzend, Frauen und Kinder in der zweiten Reihe – hatte sich im Wohnzimmer des ältesten Sohnes versammelt, um uns Gäste zu bewirten. Aus allen anderen Häusern des Bauernhofes waren sie herbeigekommen.

Die an der Wand übereinandergestapelten Kissen und Decken zeugten davon, dass der große Saal nachts als Schlafplatz dient. Wir hatten uns mit Händen, Füßen und wenigen Brocken Türkisch verständigt. Diese Sprache ist dem Aserbaidschanischen sehr ähnlich. Immer wieder waren die Männer ins Russische gewechselt, da die meisten Touristen in Aserbaidschan wohl Russisch sprechen. Davon verstanden wir aber kein Wort.

Es gab Tee sowie selbst gemachten süßen Fruchtsirup mit Wasser (Rezept siehe rechts). Ihren Tee genoss die Familie aus den Untertellern, anstatt ihn direkt aus dem Glas zu trinken. Die Gastgeber waren amüsiert, dass wir uns stattdessen die Münder am Teeglas verbrennen wollten.

Wir wurden mit frischen Granatäpfeln aus dem Garten beschenkt, die wir voller Vorfreude in unser Wohnmobil mitnahmen. Dort angekommen, waschen wir also nun unseren Salat fürs Abendessen.

Plötzlich klopft es. Der etwa 80-jährige Patriarch des Hofes von eben steht vor unserer Tür und blickt uns streng an. Wir fragen uns, ob er uns von unserem Stellplatz an der Wasserstelle des Dorfes verjagen will. Vielleicht befürchtet er, wir könnten Aufsehen erregen? Wir sind verunsichert und können auch weder die Worte noch die Gesten des Mannes deuten. Konsequent macht er immer wieder eine Handbewegung nach unten. Es sieht aus, als wolle er etwas Unsichtbares auf den Boden drücken. Wir sind uns nicht sicher, ob das »Kommt mit« oder »Haut ab« heißt. Wir entscheiden uns dafür, dass die Menschheit gut ist, und folgen dem Mann mit unserem Fahrzeug.

Unsere Deutung war genau richtig. Der Hausherr weist uns an, im Hof seines Gehöfts zu parken. Ab jetzt sind wir seine Gäste. Keine Widerrede.

Im Haus des Familienoberhauptes, das sich im hinteren Teil des Hofes befindet, wird für uns eingedeckt. Mit ein paar Tassen Tee und einigen Granatäpfeln möchte man die Gäste aus Deutschland wohl nicht fortschicken.

Wir sitzen im Schlafzimmer der beiden Enkelsöhne, die auf ihren Betten hinter dem Tisch Platz nehmen. Es kommen weitere Brüder, Schwestern, Cousins, Cousinen und wechselnde Gäste aus der Familie und Nachbarschaft in das kleine Zimmer. Mal steht ein Kaugummi kauender Teenager am Tisch, mal Frauen mit Säuglingen auf dem Arm, mal Bauern aus dem Ort.

Nur wir, der Patriarch, sein ältester Sohn und ein eilends herbeigerufener betagter Nachbar dürfen an der Tafel sitzen. Und auch nur wir bekommen etwas auf die Teller. Innerhalb einer Stunde zaubert die Frau des Patriarchen extra für uns ein mehrgängiges Essen. Es gibt Kohlrouladen, frisches Obst und gekochtes Gemüse. Dazu wird wieder literweise süßer Fruchtsirup gereicht.

Florian spielt der Runde etwas auf seiner Gitarre vor. Einer der Enkelsöhne, um die elf Jahre alt und den Erwachsenen zufolge an einer Hirnschädigung leidend, wird ganz aufgedreht bei der Musik. Er tanzt und singt mit und strahlt über das ganze Gesicht, wann immer Florian spielt. Seine Freude ist ansteckend.

Für die Nacht wird der Junge trotzdem von den Großeltern aus seinem Zimmer verbannt. Warum? Hier schlafen jetzt wir. Wir schauen uns an und sind peinlich berührt. Anscheinend

▸ Steinhaus in einem aserbaidschanischen Dorf

glaubt man uns nicht, dass wir uns freiwillig für eine Übernachtung in einem Auto entscheiden.

Wir führen die ganze Familie in unser Wohnmobil, um das Missverständnis auszuräumen, zeigen stolz unsere Betten und unser Klo. Doch keine Chance. Der Patriarch signalisiert, dass wir seine Gäste sind und in seinem Haus übernachten. Um die Familie nicht zu brüskieren, ziehen wir also ins Kinderzimmer des Jungen um.

Bevor wir schlafen, erklärt der Patriarch uns noch etwas Wichtiges: Wenn wir zur Toilette müssen, sollen wir in unser Wohnmobil statt zum familieneigenen Abort im Garten gehen. Allerdings nur in Begleitung (wir sollen hierfür seine Frau wecken), denn die Hofhunde würden uns sonst beißen.

Nun gut. Eine Reizblase, mehrere Flaschen süßer Sirup und der erklärte Wille, bloß nicht auf Toilette zu müssen, sind eine schlechte Kombination. Natürlich liegt Nora nach all der Aufregung nachts noch stundenlang wach und kommt irgendwann nicht mehr umhin, die arme Frau zu wecken und um Geleit zur Toilette zu bitten. Die Hunde kläffen währenddessen tatsächlich bedrohlich um die Wette.

Aus Dankbarkeit packen wir nach dem Frühstück am nächsten Morgen aus unserem Wohnmobil alles aus, was nach Geschenk aussieht. Seitdem haben wir stets ein paar Packungen Buntstifte für Kinder im Wohnmobil.

Bis heute denken wir immer wieder an die große Familie mit den großen Herzen zurück. Wir haben es danach sogar mal mit einem Russischkurs in der Volkshochschule versucht.

SAURER TRINKSIRUP MIT FRÜCHTEN

Inspiriert vom süßen Sirup unserer aserbaidschanischen Gastgeberfamilie, gibt es hier ein einfaches Rezept für die Herstellung von Sirup aus Früchten mit Essig und Zucker – auch unter dem Namen **Shrub** bekannt. Dieses Rezept hat im Gegensatz zum sehr süßen Getränk unserer Gastgeber eine säuerliche Note.

500 g Himbeeren, sehr reif
(oder Rhabarber, Erdbeeren, Pflaumen)
500 g Zucker
500 ml heller Branntweinessig

1. Faule Früchte aussortieren, die guten Früchte abwaschen und danach in einem großen Gefäß mit dem Zucker mischen. 3 Tage lang abgedeckt bei Zimmertemperatur stehen lassen, sodass die Früchte leicht gären. Täglich gut umrühren, um den Zucker aufzulösen und Schimmelbildung zu vermeiden.
2. Nach drei Tagen gut mit Branntweinessig vermischen und den Mix 3 Wochen lang im Kühlschrank aufbewahren, damit der Shrub Aroma und Farbe aufnimmt. Anschließend durch ein Sieb abgießen und die Flüssigkeit in Flaschen kühl aufbewahren.
3. Vor dem Verzehr schütteln. Mit Sprudelwasser im Verhältnis 1:10 mischen und mit Eiswürfen servieren.

GUTE KOMBINATIONEN FÜR SHRUB:

Wassermelone-Blaubeere
Erdbeer-Rhabarber
Quitte-Vanille
Aprikose-Thymian

◂ Typische Teepause in Aserbaidschan

▴ Tomaten im Straß[e]nverkauf

▸ Eingelegtes Gemü[se] und Obst, soweit da[s] Auge reicht

NUŞ OLSUN!

Das bedeutet »Guten Appetit« auf Aserbaidschanisch. Und nachdem man sich den gewünscht hat, wird gern das Reisgericht Plov gegessen – genauso wie in den Nachbarländern Armenien (S. 166) und Iran. Und auch die gefüllten Weinblätter (Türkisch und Aserbaidschanisch: Dolma, Armenisch: Tolma, S. 163) finden wir hier wieder.

Schwarzer Tee mit Zucker wird hier mindestens so oft serviert wie in der Türkei, allerdings häufiger mit einer Zitronenscheibe. Manchmal werden auch in Zucker eingelegte Früchte dazu gereicht. Auch die kleinen, bauchig geformten Teegläser auf bunten Untertellern kennen wir schon aus der Türkei. Typisch für Aserbaidschan sind jedoch die Teekännchen mit bunten Blumen.

Eine Fülle an Gemüse und Obst

In Aserbaidschan gibt es Halbwüsten und Steppen, Gebirgslandschaften und salzige Küsten. Aber das Land besteht auch aus fruchtbaren Gebieten, in denen Gemüse und Obst (auch dank Tausender Kilometer Bewässerungskanäle) wunderbar gedeihen. Auf den Märkten sehen wir die typischen Anbauprodukte: Tomaten, Auberginen, Gurken, Kohl, Äpfel, Kirschen, Trauben … Einmal landen wir in einer Markthalle voller Einmachgläser mit eingemachtem Gemüse und Obst. Sauer Eingelegtes oder Fermentiertes wie Krautsalat oder Weinblätter gibt es aus riesigen Bottichen.

DAS BESONDERE PRODUKT

Der **Granatapfel** ist im Süden Europas und darüber hinaus sehr verbreitet. Wir haben ihn bei unserem Schaschlikrezept (S. 151) eingesetzt. Typisch ist auch die Verwendung von Granatapfelsirup in allen möglichen Speisen, als Salatdressing oder zu Fleischgerichten. Im Nachbarland Türkei kommt der Sirup in die Çiğ Köfte (Bulgurklöße). Sehr lecker ist übrigens auch frisch gepresster Granatapfelsaft.

▲ Etliche Imbissstände an einer Raststätte haben das exakt gleiche Kebab-Angebot

SELBST GEMACHTER DORFKÄSE

mit Kräutern

Mit Vorliebe essen wir in der Türkei und Aserbaidschan alle möglichen Varianten von Weichkäse. Unser kleiner Kühlschrank im Wohnmobil ist immer wieder voll davon und wir genießen ihn zum Frühstück mit Fladenbrot, Oliven, Tomaten, Eiern, frischen Kräutern, Honig, Sesampaste und der obligatorischen Tasse schwarzen Tees. Hier präsentieren wir eine Variation mit Kräutern.

FÜR CA. 380 G KÄSE

2 l Rohmilch vom Bauernhof, nicht pasteurisiert / (alternativ frische Bio-Vollmilch mit mind. 3,8 % Fettanteil)

4 EL Branntweinessig

1 TL Salz

½ Bund Basilikum

½ Bund Dill

Zusätzlich werden ein Mulltuch und ein Sieb benötigt.

1. Die Milch in einen Topf geben und unter ständigem Rühren aufkochen.
2. Sobald die Milch kocht, den Topf von der Herdplatte nehmen und mit einem Schneebesen den Essig langsam so lange einrühren, bis sich Flocken bilden.
3. Anschließend den Inhalt des Topfes durch ein mit einem feuchten Mulltuch bedecktes Sieb gießen, weil sich die Käsemasse von der flüssigen Molke trennt. Nach dem Abtropfen die Flüssigkeit noch leicht herauspressen. Danach mindestens 6 Stunden lang auskühlen und fest werden lassen.
4. Den Käse in Stücke schneiden, mit Salz bestreuen und in den gehackten und gemischten Kräutern wenden.
5. Den Käse direkt essen oder noch ein bisschen ziehen lassen, damit sich das Aroma besser entfaltet. Er hält sich bei luftdichter Verpackung etwa fünf Tage lang im Kühlschrank.

ROTES SCHASCHLIK

mit Zwiebel-Granatapfel-Salat

Abwasser leeren und Frischwasser tanken, Bad putzen, den Teppich kehren und die Batterie für unsere häusliche Stromversorgung aufladen – Instandhaltung (wie wir zu sagen pflegen) fällt auch beim Reisen mit dem Wohnmobil an. Unsere Wäsche lassen wir in Ländern mit niedriger Campingplatz-Dichte in Salons waschen. Zum Glück, denn die Suche nach einem Waschsalon führt uns in eine entlegene Seitenstraße von Baku (auf Aserbaidschanisch gesprochen: »Bake«), weitab des touristisch erschlossenen Zentrums. Dort entdecken wir ein uriges Schaschlik-Restaurant und Florian labt sich zum ersten Mal an der typisch fleischlastigen Küche des Landes. Nach unserer Heimkehr verarbeitet er seine geschmacklichen Eindrücke in dieser Rezeptkombination. Auch der Granatapfel, als typische Frucht der gesamten Region, findet prominente Verwendung.

FÜR 4 GROSSE PORTIONEN

1 kg Schweinenacken
2 Zwiebeln
2 Lorbeerblätter
3 EL Rotwein
1 TL Sumach
1 TL schwarzer Pfeffer, grob gemahlen
Salz
4 Schaschlik-Spieße aus Metall

FÜR DEN SALAT

3 rote Zwiebeln
3 EL Olivenöl
1 Granatapfel
1 Bund Koriander
Salz

1. Den Schweinenacken in Würfel von ca. 5 x 5 cm Größe schneiden. Die Zwiebeln schälen, in halbe Ringe schneiden und mit den Händen über den Fleischwürfeln ausquetschen, damit sie etwas Flüssigkeit abgeben. Die Zwiebelstücke, Lorbeer, Rotwein, Sumach und Pfeffer zum Fleisch geben, gut vermengen und alles für mehrere Stunden abgedeckt im Kühlschrank ziehen lassen. Gesalzen wird erst beim Grillen.
2. Vor dem Spießen des Schaschliks muss das Fleisch wieder Zimmertemperatur annehmen. Anschließend die Fleischwürfel aus der Marinade nehmen, aufspießen und die Marinade zum Grillen aufheben.
3. Zum Grillen des Schaschliks wird eine starke Hitze benötigt. Der beste Geschmack wird durch die Nutzung eines Holzkohlegrills erzielt.
4. Während die Glut ihre Temperatur erreicht, den Zwiebel-Granatapfel-Salat zubereiten. Dazu die roten Zwiebeln in feine Ringe schneiden und mit Olivenöl und wenig Salz vermischen. Den Granatapfel halbieren, die Endstücke abschneiden, die Kerne über einer Schüssel aus der Schale lösen sowie von den weißen Trennwänden befreien. Granatapfelkerne sowie den herausgetropften Saft direkt unter den Salat mischen. Zum Schluss den Koriander hacken und unter den Salat heben.
5. Vor dem Grillen des Schaschliks die fertigen Spieße von beiden Seiten salzen. Die Spieße bei starker Hitze und unter häufigem Wenden grillen und sie bei jedem Wenden mit der übrig gebliebenen Marinade bestreichen. Das rote Schaschlik direkt mit dem Zwiebel-Granatapfel-Salat und etwas Brot servieren.

JOGHURTSUPPE MIT KRÄUTERN
Dovga

Diese Suppe ist in Aserbaidschan sehr beliebt. Sie ist einfach zuzubereiten und macht satt. Man kann sie entweder vegetarisch zubereiten oder mit Hackbällchen. Unsere Chilibutter, die wir als Garnierung verwenden, ist nicht unbedingt original, dafür aber eine leckere Ergänzung.

FÜR 6 PORTIONEN

1 kg Joghurt (türkischer Joghurt, mind. 10 % Fett)
1 EL Mehl
1 Ei
400 ml Gemüsebrühe
1 Zwiebel
2 Knoblauchzehen
2 EL Olivenöl
30 g Langkornreis
1 EL getrocknete Minze
1 Bund Dill
1 Bund Petersilie
1 Bund Frühlingszwiebeln
Salz

FÜR DIE CHILIBUTTER

100 g Butter
1 EL Acı Pul Biber (scharfe Paprikaflocken)

FÜR DIE HACKFLEISCHBÄLLCHEN (OPTIONAL)

300 g Rinderhackfleisch, mittelgrob
1 Ei
½ Bund glatte Petersilie, gehackt
1 TL Thymian, getrocknet
1 Zwiebel, gewürfelt
50 g Semmelbrösel
Salz
Pfeffer

1. Wer **Hackfleischbällchen** dazu machen möchte, knetet aus den Zutaten eine Masse und schmeckt sie mit Salz und Pfeffer ab. Zu Bällchen à 30 g rollen und beiseitestellen.
2. Für die **Zubereitung der Suppe** den Joghurt mit Mehl, Ei, etwas Salz und der Gemüsebrühe gut verrühren oder kurz mixen. Die Masse beiseitestellen.
3. Die Zwiebel und die Knoblauchzehe schälen und fein würfeln. Beides zusammen in Olivenöl glasig anschwitzen, den Reis dazugeben und etwas mit anbraten. Zum Schluss die Minze hinzufügen und kurz anbraten, bis sie duftet. Zusammen mit der Joghurtmischung unter ständigem Rühren mit dem Schneebesen aufkochen. Jetzt darf die Suppe nicht mehr weiter kochen und muss kurz unter dem Siedepunkt etwa eine Viertelstunde lang weiter garen.
4. In der Zwischenzeit die Kräuter und die Frühlingszwiebeln waschen und sehr fein schneiden. Alles zur Suppe geben und diese weitere 10 Minuten lang auf dem Herd lassen.
5. Für den Fall, dass die Suppe mit Hackfleischbällchen zubereitet werden soll, diese mit den Kräutern zur Suppe geben und ebenfalls mit garen lassen.
6. **Für die Chilibutter** die Butter in einem Topf bei mittlerer Hitze leicht braun werden lassen. Achtung, das geht relativ schnell! Die Chiliflocken hinzufügen, alles einmal aufschäumen lassen und vom Herd nehmen.
7. Vor dem Anrichten die Suppe noch mal mit Salz abschmecken, in tiefe Teller füllen, mit der Chilibutter garnieren und mit etwas getrockneter Minze bestreuen. Die Suppe schmeckt warm oder kalt!

ARMENIEN

Das Kloster Norawank
aus dem 13. Jahrhundert
in der Schlucht des Amaghu

◂ Süd-Armenien, nahe der Stadt Tsghuk

▴ Auf dem Weg zum Kloster Tatew: Die Bundesstraße ist eingekesselt zwischen der Autonomen Republik Nachitschewan im Westen und Bergkarabach im Osten. Kein Wunder, dass uns hier um die 100 Militärfahrzeuge entgegenkommen. Einige kleinere Sträßchen sind durch militärische Kontrollposten abgesperrt. Der »Kalte Konflikt« um Bergkarabach ruht während unserer Reise – leider nicht dauerhaft, wie sich im Nachhinein herausstellt

ALEXANDER

»Armeniens are bad people! It's a bad country. I don't pay your fucking taxes«, schreit ein Reisender der armenischen Grenzbeamtin ins Gesicht, als diese von ihm die Straßenmaut verlangt. Armenische Straßen seien in einem derart desolaten Zustand, schimpft er, dass er sich frage, was der Staat mit der Maut überhaupt anstelle. Außerdem habe er die Gebühr schon bei seiner letzten Armenienreise entrichtet.

Wir stehen ungeduldig in der Schlange hinter dem Querulanten und irgendwann platzt Florian der Kragen. Er solle die Beamtin in Ruhe lassen und zum Punkt kommen, giftet er den anderen an. Der reagiert darauf mit einem laut schallenden, sehr künstlichen Lachen. Vor Wut stampfend verlässt er die Szenerie in den benachbarten Wartesaal. Der ganze Aufruhr interessiert jedoch weder die anderen Beamten noch die vielen Lkw-Fahrer, die an der Wechselstube nebenan auf armenische Dram warten.

Wir sind erleichtert, den Unruhestifter losgeworden zu sein – doch zu früh gefreut! Nur wenige Minuten später taucht er wieder auf, geht schnurstracks auf Florian zu und schubst ihn unvermittelt. »You don't touch him!«, warnt Nora voller Wut. Sie stellt sich zwischen Florian und den Angreifer und weist siegessicher auf die zahlenmäßige Überlegenheit bewaffneter armenischer Grenzer hin. Nach dieser Ansage zieht der Kerl zeternd weiter zur Wechselstube. Er hat sich nun doch zum Zahlen der Straßenmaut durchgerungen.

Beruhigt erledigen wir unsere Einreiseformalitäten, doch unsere Erleichterung verfliegt, als wir die Grenzstation verlassen: Von bewaffneten Grenzbeamten ist hier keine Spur mehr. Wir sind schutzlos!

Leider können wir nicht sofort flüchten, denn wir benötigen zunächst eine armenische Autoversicherung. Zum Glück stehen kurz vor dem ersten armenischen Ort Bavra zwanzig dicht aneinandergedrängte Agenturen zur Auswahl.

◂ Eine Schafherde benutzt denselben Weg wie wir

◂ Armenischer Hirte zu Pferde

Das ist typisch in der Kaukasusregion und der Türkei: Verkaufsstände, Cafés, Imbissbuden oder eben Versicherungsagenturen – oft gibt es alle paar Meter dasselbe Geschäftsmodell mit übereinstimmenden Produkten. Was einmal gut läuft, findet offenbar viele Nachahmer.

Wir entscheiden uns für eine Versicherungsagentur in der hintersten Reihe, um uns und unser Wohnmobil vor dem Querulanten zu verstecken.

Nach den ersten Minuten auf armenischen Straßen verstehen wir, was ihn aufgeregt hatte: So viele Schlaglöcher haben wir noch nie gesehen – schon gar nicht auf einer Autobahn! Aus Angst um unseren Fiat schleichen wir mit 15 km/h über die Fahrbahn. Später soll uns das Gerumpel noch die Achsaufhängung lockern und damit um ein Haar die Weiterfahrt verhageln.

Nach wenigen Kilometern holpriger Fahrt kommt der Verkehr an einer Ampel wegen Bauarbeiten ganz zum Stehen. Zwei Autos vor uns hält ein kleiner Fiat mit rumänischem Nummernschild. Plötzlich öffnet sich die Tür und heraus steigt: unser Bekannter von der Grenze. Mit seinem Handy in unsere Richtung zielend fotografiert er die Straße.

Jetzt sieht Nora rot. Sie steigt aus, läuft auf ihn zu und verlangt von ihm, die Fotos von unserem Auto sofort zu löschen, mit Verweis auf die Europäische Datenschutzgrundverordnung. Dieses Mal ist es Florian, der die Situation deeskaliert. In beschwichtigendem Tonfall verliert er ein paar lobende Worte über die Qualität rumänischer Autobahnen, was den Reisenden schon etwas milder stimmt. Wir erfahren, dass Alexander, genau wie wir, auf großer Europareise ist und täglich Fotos ins Netz stellt. Sein Lieblingsmotiv sind kaputte armenische Straßen. Damit möchte er die Missstände im armenischen Staat anprangern. Die Zielgruppe seiner Kampagne ist uns unklar.

Ganz begeistert ist Alexander von der Türkei. Wir ignorieren sein Lob für ein autokratisch geführtes Regime und versöhnen uns mit einem Händedruck unter den ungläubigen Blicken der anderen Verkehrsteilnehmer. Insgesamt begegnen wir Alexander tatsächlich noch drei Mal. Es gibt eben nicht viele Hauptrouten in Armenien, auf denen sich Touristen bewegen.

GRENZLAND

Armenien ist ein christlich geprägtes Land an der Grenze zwischen Asien und Europa. Hier bestaunen wir atemberaubende Natur, geschichtsträchtige Klöster und genießen auch den Trubel der modernen Hauptstadt Jerewan.

Wir sehen so viele herrliche Klöster, dass wir uns kaum noch an die Namen erinnern können. Auch weil die armenische Sprache für unsere Ohren, Augen und Gehirne sehr komplex ist. Die alten Klöster befinden sich meist in luftigen Höhen mit weitläufigem Ausblick. Selten fahren wir auf unter 1000 Höhenmetern. Sogar auf 2000 Metern, über dem Selim-Pass, thront die Selim-Kawanserei aus dem 14. Jahrhundert. Hier führte einst die Seidenstraße entlang, auf der auch feine Gewürze ihren Weg nach Europa fanden.

Der schlafende Vulkan

Wir bestaunen den imposanten Berg Ararat von beiden Seiten der Grenze aus. Im türkischen Doğubeyazıt sehen wir den Vulkan zwischen den Häuserschluchten. Auf der armenischen Seite haben wir vom Kloster Chor Virap aus einen herrlich klaren Blick. Getrübt wird das Erlebnis durch den ebenso klaren Blick auf die streng bewachte Grenzanlage zur Türkei. Die türkischen Besitzansprüche auf den Ararat sind nicht zu übersehen, denn eine riesige türkische Flagge weht dort.

▴ Straßencafé in Jerewan

▸ Kloster Sewanawank am nordwestlichen Ufer des Sewansees. Es wurde bereits im 9. Jh. begründet. Zwei der drei Bauten aus dieser Zeit sind erhalten geblieben

▸ Die Selim-Karawanserei wurde in den 1950er-Jahren sorgfältig renoviert

▸ Polaroid: Hoch über der Ebene am Kloster Chor Virap nahe der türkischen Grenze

▴ Historische Chatschkars im Kloster Tatew im Süden Armeniens. Chatschkars sind reich verzierte Monolithen mit einem Kreuz in der Mitte, verschnörkelt mit Reliefs von Ranken, Blättern und anderen organischen Mustern

◂ Chor Virap vor dem mächtigen Ararat. Der Mythos besagt, dass auf diesem Berg die Arche Noah nach der Sintflut gestrandet sei

KRÄUTERREICHE KAUKASUS-KÜCHE

Die armenische Küche ist sehr kräuter- und aromenreich. Das Kräuterbrot Zjengalow Hats aus dem Südosten des Landes ist mit so vielen Kräutern gefüllt, dass sie grün durch den Teig scheinen.

Für raffinierte süßliche Aromen sorgen nicht nur im herrlichen Plow (Pilav) getrocknete Früchte. Wir verwenden die Maulbeere in der Sauce für gefüllte Weinblätter (Tolma, S. 163) und die Berberitze im Pilav (S. 166).

DAS BESONDERE PRODUKT

Im September fallen uns am Sewansee Verkaufsstände mit Plastikflaschen voller orangefarbenem Inhalt auf. Es ist **Sanddorn**-Saison und die säuerliche Beere findet ihre Abnehmer in Form von dickflüssigem Saft – ganz anders als bei uns, wo es das Vitamin-C-Wunder meist in eher kleinen Dosierungen im Reformhaus zu kaufen gibt.

◂ In Armenien lernen wir das hauchdünne Lawash-Brot kennen, das wir im Iran wiederentdecken werden. Es wird traditionell im Lehmofen gebacken

▴ Prall gefülltes Kräuterbrot Zjengalow Hats

▴ Getrocknete Kräuter und Getreide in der Markthalle von Jerewan

▴ Am Sewansee werden auch viele Fischgerichte und Räucherfische angeboten

GEFÜLLTE WEINBLÄTTER MIT MAULBEER-KNOBLAUCH-SAUCE
Tolma

Gefüllte Weinblätter sind ein Klassiker in unzähligen Variationen von Griechenland bis Armenien. Die kleinen getrockneten Maulbeeren schmecken wie eine Mischung aus Feigen und Rosinen und verleihen dem Gericht eine süße Note.

FÜR 30 STÜCK

1 Zwiebel

2 Knoblauchzehen

250 g Hackfleisch (nach Wahl)

50 g Langkornreis

1 Bund glatte Petersilie, fein gehackt

20 g getrocknete Tomaten, fein gehackt

½ TL gemahlener Piment

½ TL getrocknete Minze

1 Prise Zimt

200 ml Olivenöl, gute Qualität

Abrieb und Saft von 1 Bio-Zitrone

350 g Weinblätter in Lake (z. B. aus einem türkischen Supermarkt)

400 ml Gemüsebrühe

Salz

Pfeffer

FÜR DIE SAUCE

2 Knoblauchzehen

15 g Maulbeeren, getrocknet

250 g Joghurt

Salz

1. Die Zwiebel und die Knoblauchzehen schälen und in feine Würfel schneiden. Beides gut mit dem Hackfleisch, dem ungekochten Reis, der Petersilie und den getrockneten Tomaten vermischen. Jetzt die Gewürze, die Hälfte des Olivenöls sowie den Zitronenabrieb hinzugeben. Mit Salz und Pfeffer abschmecken.
2. Die Weinblätter abtropfen lassen und mit der Blattunterseite nach oben auf ein Brett legen. Ungefähr 1 TL Füllung in das untere Drittel des Weinblattes setzen. Zum Einrollen die Seitenränder einklappen und das Weinblatt mit etwas Druck einrollen. Die Röllchen sollten ungefähr fingerdick sein. Alle Röllchen dicht nebeneinander in einen Topf setzen, damit sie sich beim Kochen nicht öffnen.
3. Die Gemüsebrühe sollte etwas sauer und würzig schmecken. Sie wird zusammen mit dem Saft der Zitrone in den Topf gefüllt, sodass die Blätter knapp bedeckt sind. Das restliche Olivenöl wird nun noch über die Röllchen gegossen.
4. Damit die Röllchen gleichmäßig garen und der rohe Reis in der Masse schön aufquellen kann, werden sie mit einem Teller und einem Gewicht darauf beschwert.
5. Die Weinblätter bei geschlossenem Deckel vorsichtig ca. 35 Minuten lang sanft köcheln lassen.
6. **Für die Sauce** die Knoblauchzehen schälen und fein hacken. Die Maulbeeren ebenso fein hacken und mit dem Joghurt vermischen. Mit etwas Salz abschmecken.
7. Die Röllchen abgießen und lauwarm oder kalt mit der Maulbeer-Knoblauch-Sauce genießen.

GEMÜSEEINTOPF MIT BULGUR UND EINGELEGTEM KOHL
Krchik

Armenien ist für uns auch das Land der Farben. Im Herbst erfreuen wir uns an allen denkbaren Schattierungen von saftigem Grün, herbstlichem Gelb und erdigen Brauntönen. Ebenso farbenfroh ist die herzhafte Suppe Krchik.

FÜR 4 PORTIONEN

1 Zwiebel
4 Kartoffeln
2 EL Butter
80 g mittelgrober Bulgur, gewaschen
100 ml Weißwein
200 ml Tomaten, gehackt (Dose oder frisch)
1 grüne Peperoni, fein gewürfelt
750 ml Gemüsebrühe
250 g eingelegter Weißkohl (z. B. aus einem türkischen Supermarkt, alternativ Sauerkraut)
1 Lorbeerblatt
1 Zweig Liebstöckel
½ Bund Petersilie, glatt
Salz
Pfeffer
Zucker

1. Die Zwiebel und die Kartoffel schälen. Die Zwiebel in feine, die Kartoffel in grobe Würfel schneiden.
2. Die Butter in einem Topf erhitzen und die Zwiebelwürfel darin glasig dünsten. Den Bulgur dazugeben, kurz anschwitzen und mit dem Weißwein ablöschen.
3. Tomaten, Peperoni und Gemüsebrühe hinzufügen und aufkochen.
4. Den eingelegten Weißkohl in feine Streifen schneiden. Mit Lorbeerblatt und Liebstöckel zur Brühe geben und 30 Minuten lang sanft köcheln. Abschmecken mit Salz, Pfeffer und etwas Zucker.
4. Mit etwas gehackter Petersilie servieren.

Tipp Für eine farblich außergewöhnliche Garnitur rote Zwiebeln in feine Streifen schneiden, in 50 % weißem Essig und 50 % Wasser aufkochen, salzen, kurz ziehen lassen. Die Zwiebel färbt sich dadurch pink.

PILAV
mit Hibiskusblüten, Mandeln und Quitten

Dieses Rezept vereint unterschiedlichste Aromen. Pilav-Rezepte finden sich in unzähligen Abwandlungen in vielen Ländern des Ostens.

FÜR 4 PORTIONEN

60 g Butterschmalz
50 g kurze Fadennudeln
100 g Langkornreis, gewaschen
100 g mittelgrober Bulgur, gewaschen
2 Zwiebeln
2 Knoblauchzehen
2 Karotten
50 g Mandeln, gehobelt, geröstet
1 Zimtrinde
1 TL Kurkuma
1 TL Kreuzkümmel
½ TL gemahlener Piment
½ TL Macis (Muskatblüte)
2 Gewürznelken
600 ml Gemüsebrühe
2 Quitten
50 g Berberitzen
10 g getrocknete Hibiskusblüten
3 EL Olivenöl
50 g ganze Mandeln, geröstet
Salz
Pfeffer

1. Butterschmalz in einer beschichteten Pfanne mit Deckel oder einem Schmortopf erhitzen.
2. Erst die Fadennudeln rösten, bis sie schön braun sind, dann den Reis kurz mit anschwitzen und anschließend den Bulgur hinzugeben.
3. Zwiebeln, Knoblauch und Karotten fein würfeln und ebenfalls anschwitzen. Die gehobelten Mandeln zugeben und etwas Farbe nehmen lassen.
4. Nun alle Gewürze hinzugeben und kurz mitbraten, damit sie ihr volles Aroma entfalten. Danach alles mit der Gemüsebrühe aufgießen.
5. Die Quitte, die mit Schale verarbeitet wird, vierteln, das Kerngehäuse entfernen und die einzelnen Stücke in jeweils drei Teile schneiden.
6. Eine Quitte zusammen mit den Berberitzen und den Hibiskusblüten zum Pilav geben. Mit Salz und Pfeffer abschmecken und den Deckel auflegen. Ein sauberes Geschirrtuch stramm um den Deckel spannen, um ihn abzudichten. Das verhindert, dass der Reis matschig wird.
7. Den Pilav 30 Minuten lang bei geringer Hitze sanft köcheln lassen. Währenddessen die andere Quitte für die Dekoration in Streifen schneiden.
8. Danach den Deckel abnehmen, das Olivenöl am Rand einlaufen lassen und den Pilav bei stärkerer Hitzezufuhr noch einmal eine schöne Kruste am Boden bilden lassen.
9. Mit den Quittenstreifen und gerösteten ganzen Mandeln anrichten.

IRAN

Die Wüste Dasht-e Lut,
eine der heißesten Wüsten
der Welt

DREILÄNDERECK TÜRKEI – IRAK – IRAN

Schon bei der Route in den Iran über Erzurum und Van widersetzen wir uns sämtlichen Reisewarnungen des deutschen Außenministeriums. Da wir uns nicht rechtzeitig um Zollpapiere für das Wohnmobil gekümmert haben, lassen wir es in Erzurum stehen.

Mit einem Reisebus fahren wir durch die kurdisch geprägte Region Hakkâri bis in die Grenzstadt Yüksekova. Wir passieren karge und magische Landschaften, die in Ockergelb leuchten. Zwischendrin Esel und Schafe, hart arbeitende Menschen und immer wieder stark bewaffnete Straßenkontrollen der Polizei hinter Türmen von Sandsäcken. Die Reise hat etwas Surreales.

Hinter den Bergen südlich von uns liegt der Irak. Irgendwo davor lagern wahrscheinlich gerade PKK-Kämpfer, die in der Region des Öfteren Bomben vor Polizeiwagen hochgehen lassen. Wir reden uns ein, dass ein Reisebus in Richtung iranischer Grenze für die PKK schon nicht so interessant sei.

In Yüksekova trinken wir, auf kleinen Schemeln am Straßenrand sitzend, erst mal gemütlich einen Tee. Unser Busfahrer drückt uns 20 Lira unseres Ticketpreises in die Hand. Das Geld sollen wir seinem Kollegen geben, der in einem Kleinbus *(dolmuş)* auf uns wartet, um uns an die Grenze zu bringen.

Den Höhepunkt an Surrealismus erreichen wir dann an der Grenzstation: Wir müssen aus dem *dolmuş* aussteigen und mit unserem Gepäck auf dem Rücken zu Fuß weitergehen. Auf dem Weg zum Grenzgebäude beobachten wir eine außergewöhnliche Szene: Zwei windige Gestalten tauschen durch ein Loch im Grenzzaun einen riesigen Seesack aus. Was mag wohl darin sein? Drogen? Alkohol? Weit gefehlt. In dem Seesack stecken massenweise geschmuggelte Gläser Nuss-Nougat-Creme einer bekannten italienischen Marke. Wir schlagen dankend ein angebotenes Glas aus. Schließlich wollen wir bei der Kontrolle nicht unangenehm auffallen.

Das tun wir aber dennoch. An der Grenze werden unsere Sachen gründlich gefilzt, unsere Ausweise gescannt, Noras Ausweis gleich dreimal. Unter den wachen Augen von Ajatollah Chomeini und Hassan Rohani, die von großen Plakaten auf uns herabblicken, werden wir ausführlich nach Ziel und Zweck unserer Reise befragt. Der Adrenalinpegel steigt.

Nach der Prozedur wartet draußen schon ein Geldwechsler auf uns. Wir halten uns für besonders gewitzt, da wir etwas mehr iranische Rial erhalten, als uns laut offiziellem Wechselkurs aus dem Internet zustehen. Erst später erfahren wir, dass der Verkäufer uns übervorteilte: Neben dem offiziellen Wechselkur des iranischen Rial gibt es noch einen inoffiziellen Straßenpreis, der normalerweise nur halb so teuer ist.

Nach dem Geldtauschen umringen uns 20 Taxifahrer, die uns alle in die nächstgrößere Stadt Urmia befördern wollen. Wir entscheiden uns für einen der Taxifahrer und werden bei sengender Hitze, an einem riesigen Salzsee vorbei, in die Stadt kutschiert. Nora trägt vorschriftsgemäß ein langärmliges Shirt und ein Kopftuch, unter dem sich die Hitze besonders staut. Neidvoll blickt sie auf die Vordersitze zu Florian und dem Fahrer in ihren T-Shirts.

An den für Westeuropäer kostengünstigen Luxus einer Fahrt mit Chauffeur gewöhnen wir uns schnell. Für iranische Verhältnisse sind wir reich. Dass der Benzinpreis zwei Wochen später auf 32 Eurocent pro Liter erhöht werden wird, wird in dem bitterarmen Land blutig niedergeschlagene Proteste auslösen.

Ein paar Tage benötigen wir, um uns in der Hitze, mit der Sprache und mit den Gepflogenheiten des Landes zu akklimatisieren. Doch dann zieht es uns in seinen Bann …

◂ Getreideernte in der Provinz Hakkâri im äußersten Südosten der Türkei

◂ Die *dolmuşlar* (Sammeltaxis) gehören zum Straßenbild

▴ Salzverkrustete Holzpfähle im Urmiasee

▴ Polaroid: Nahe der Grenze zum Iran in Yüksekova

SAUER, BITTER, SÜSS

Neben Land und Leuten faszinieren uns auch die kulinarischen Traditionen des Landes, die zwar wieder Ähnlichkeiten mit den Stationen unserer bisherigen Route haben, aber auch mit ganz eigenen Aromen und Methoden aufwarten.

Eine Neuentdeckung sind für uns etwa die getrockneten schwarzen oder grünen Limetten, Limo Omani oder Amani genannt. Sie geben dem Essen eine besondere Note aus Säure und Bitterkeit. Um das Aroma aus den getrockneten Früchten hervorzulocken, müssen sie entweder eingestochen oder zu einem Pulver zermahlen werden. Wer die Bitterkeit nicht mag, verwendet nur die von den Kernen befreite Schale. Wir kochen Ash-e Reshteh (S. 176) mit den getrockneten Limetten. Die Nudelsuppe wird gerne zu geselligen Anlässen aufgetischt. Für eine Freundin aus dem Iran ist das Gericht aber auch eine Art Wundermittel: Sie isst Ash-e Reshteh bei Erkältung, Kopfweh und schlechter Laune.

Im Iran scheint es neben Bitterliebhabern außerdem zahlreiche Naschkatzen zu geben, zumindest wenn man nach der Anzahl der Süßwarenläden geht. In einem Basar entdecken wir sogar ein Geschäft mit ausschließlich Zucker im Sortiment. Wir entscheiden uns für Zuckerkristalle an kleinen Stielen (Nabat), die sich hervorragend zum Süßen von Tee eignen. Zuckerscheiben mit Geschmack (Pulaki) werden dagegen nicht im Tee aufgelöst, sondern beim Teetrinken im Mund gelutscht. Es gibt sie auch mit Safran, Nuss, Sesam oder Orange. Bonbons aus süß-saurem Fruchtmark haben es uns ebenso angetan.

Speisen werden auch mit der dickflüssigen Traubenmelasse Shireh Angur gesüßt – in der Türkei ist sie unter dem Namen Pekmez bekannt.

Mit Bedacht zu verwenden, aber sehr typisch für den Iran ist das Rosenwasser. Zu viel davon kann leicht den Eindruck erwecken, man habe an einer Parfumflasche geleckt. Vorsichtig dosiert, etwa in unserem Marmeladerezept (S. 180), macht es Speisen zu etwas Besonderem. Im Iran haben auch viele Plätzchen sowie Shole Zard (süßer Reis mit Safran) eine leicht rosige Note.

▸ Getrocknete Limetten verleihen Gerichten ein ganz besonderes Aroma

▸ Zuckerstangen mit Safran

DAS BESONDERE PRODUKT

Der kulinarische Exportschlager aus dem Iran und Mitbringsel Nummer 1 ist **Safran**. Gut, dass Florian Koch ist und den echten Safran von günstigen Fälschungen wie der Färberdistel unterscheiden kann. Manch ein »Safranpulver« sorgt zwar für die typische gelbe Färbung, nicht aber für den intensiven Geschmack des teuren Krokusprodukts. Im iranischen Basar erwerben wir den echten Safran für einen Bruchteil des deutschen Preises.

▲ Rosenwasserproduktion in der Stadt Kashan

▲ Manuelle Herstellung von Traubenmelasse

◄ Melonentransport in Kashan

BEGEGNUNGEN IN DER GROSSSTADT

Wir sitzen auf einer Parkbank in Täbris, vor uns gepflegte und symmetrisch angelegte Blumenbeete. Zwischen uns ein älterer Herr mit Schirmmütze, Jackett und einem etwas verwaschenen Hemd, unter dem ein Wohlfühlbauch zu erahnen ist. Hektisch blättert er seine Zeitung durch, bis er eine Seite mit etwas weißer Fläche gefunden hat. Dorthin sollen wir die deutschen Vokabeln schreiben, nach denen er uns eben gefragt hatte.

In den 70er-Jahren, als Schuljunge, war er mal in Deutschland gewesen. Bei einer Gastfamilie lernte er das Land kennen und die Sprache lieben. Studiert hat er dann doch Anglistik und brachte es damit bis zum eigenen Lehrstuhl an einer iranischen Universität.

Umso verborgener ist ihm nun das ein oder andere deutsche Wort, das vor ein paar Jahrzehnten doch noch so locker saß. Der Mann erinnert uns tatsächlich an das oft zitierte Klischee des »zerstreuten Professors«. Kaum haben wir die Worte aufgeschrieben, schlägt er eine andere Seite der Zeitung für neue Wörter auf. Danach sucht er wieder die vorherige Seite und blättert minutenlang durch die Papierberge.

Er nimmt sich Zeit, er ist interessiert an uns und an unserer Sprache. Diese Begegnung wirkt etwas aus unserer hektischen Zeit gefallen.

Ganz anders ein Erlebnis am Tag zuvor in derselben Stadt. An einer viel befahrenen Straße in Täbris erklärten uns drei Studenten die iranische Variante von Uber. Vielleicht hatten sie ihr Englisch bei unserem Professor gelernt? Mit ihren Smartphones in der Hand standen sie um uns herum, um uns die App zu zeigen. Sie bestellten uns ein günstiges Privattaxi, das wenige Minuten später schon um die Ecke flitzte. Sehr zum Ärger der Taxifahrer, die uns aus Sicht der jungen Männer einen viel zu hohen Fahrpreis abknöpfen wollten. Das Geld für das Privattaxi legten die jungen Männer trotz unserer Proteste zusammen.

Selten wurden wir so oft angesprochen, eingeladen und angelächelt wie im Iran. In der antiken Stätte Persepolis etwa schickt eine Mutter ihre kleine Tochter vor, damit diese uns auf Englisch etwas zu den Ruinen erklärt. Als wir im Land sind, ist der Tourismus aus dem Westen gerade auf dem Tiefpunkt. Wir sind Exoten. Die Menschen freuen sich, dass wir ihre Heimat besuchen.

Am Jahrestag der Erstürmung der US-Botschaft erklärt uns ein iranischer Geistlicher an der Schah-Moschee in Isfahan die positiven Seiten seiner Staatsreligion. Er wurde vom Außenministerium für diese Charmeoffensive abgestellt, wohl aufgrund seiner hervorragenden Englischkenntnisse. Einen US-amerikanischen Akzent, den ich kommentiere, streitet er ab.

Eine Touristin aus den USA scheint sich nicht daran zu stören, dass am benachbarten Naqsch-e-Dschahan-Platz gerade Erwachsene und sogar Kinder gegen die Vereinigten Staaten demonstrieren. Sie recken Plakate mit der Aufschrift »Down with the USA« in die Höhe. Im Hintergrund des Plakats das stilisierte Bild einer brennenden US-Flagge. Die Touristin sieht es entspannt: »I feel safe.«

Auch wir fühlen uns sicher. Wir wissen, dass unser Pass und unser Touristenstatus uns wahrscheinlich vor härteren Repressalien schützen.

Als im Gespräch mit dem Professor eine Biene unter Noras Schleier fliegt, springt sie panisch auf und reißt sich das Stück Stoff vom Kopf. Als Touristin muss sie nicht befürchten, dass die Religionspolizei dies als politisches Statement deutet und bestraft.

Den Balkon eines Hostels darf sie dennoch nicht unverschleiert betreten. »You don't need to wear this inside«, erklärt uns der Hostelmitarbeiter zum Empfang. Demonstrativ streckt er Nora die Hand zur Begrüßung entgegen, was unter sehr konservativen Muslimen im Iran nicht üblich ist. Sie solle sich im Haus keine Sorgen wegen des Schleiers machen, erklärt der junge Mann. Nur auf dem Balkon herrsche wieder Vermummungspflicht, sonst käme die Polizei.

Auch eine andere Begegnung ist durch Weltoffenheit und Gastfreundschaft bestimmt. Wir quetschen uns neben Ali, dem Besitzer eines Nähmaschinenladens, auf eine kleine Bank im Verkaufsraum. Der freundliche Mann hat wenig Berührungsängste. Er breitet vor uns ein DIN A3-Blatt aus, das er in winziger Schrift mit englischen Vokabeln und deren persischer Übersetzung beschrieben hat. Diese Technik kennen wir ja schon von dem Professor.

Ali bringt sich seit Jahren selbst Englisch bei. Begonnen hat er mit den Bedienungsanleitungen für englische Nähmaschinen. Ali lernt die Sprache ohne Schulunterricht, ohne Lehrer, ohne App, aber mit einer gewaltigen Portion Motivation. Um ins Gespräch zu kommen, lockt er ausländische Touristen in seinen winzig kleinen Laden. Bei Tee und Gebäck erzählt er aus seinem Leben und möchte wissen, was da für Menschen vor ihm sitzen.

Ein einheimischer Mittzwanziger ist ebenfalls im Laden. Er spielt den »Menschenfänger« für Ali, lockt die Fremden in das Ladenlokal und unterhält sie weltgewandt in distinguiertem Schulenglisch. Dabei sammelt er Kontakte in sozialen Medien, wo er einen fast professionellen Auftritt für sich erstellt hat. Den Blogbeitrag eines skandinavischen Pärchens über Ali und seinen Laden hat er stolz ausgedruckt und damit die Wand des Nähmaschinenladens plakatiert. Der junge Mann möchte raus in die große weite Welt, ist unser Eindruck.

Ali besteht auf einer Widmung in seinem Buch. Er kramt aus einer Schublade ein Poesiealbum, das mit Grüßen von Reisenden aus aller Welt gefüllt ist. Wir sollen ihm eine Widmung in unserer Muttersprache schreiben. Danach möchte er eine englische Übersetzung hören.

Uns blieben die persische Sprache und Schrift während unserer Iranreise verschlossen. Die Menschen jedoch nicht.

◂ Teppichknüpfer in Täbris

▾ Detail des Eingangsportals der Täbriser Blauen Moschee

NUDELSUPPE MIT KRÄUTERN UND HÜLSENFRÜCHTEN
Ash-e Reshteh

Für diese würzige, dickflüssige Suppe benötigt man längliche Nudeln. Da die Reshteh-Nudeln schwer zu bekommen sind, kann man sich gut mit Spaghetti oder Linguine behelfen. Der beste Ersatz sind aber frische japanische Udon-Nudeln aus dem Asialaden, da sie etwas kochstabiler sind. Statt der getrockneten Hülsenfrüchte kann die Suppe auch mit Hülsenfrüchten aus der Dose zubereitet werden.

FÜR 6 GROSSE PORTIONEN

6 Zwiebeln
4 Knoblauchzehen
50 ml Pflanzenöl
1 EL Kurkuma
1 EL getrocknete Minze
100 g getrocknete Kidneybohnen (am Tag zuvor eingeweicht)
100 g getrocknete Kichererbsen (am Tag zuvor eingeweicht)
100 g getrocknete schwarze Linsen (am Tag zuvor eingeweicht)
2 l Gemüsebrühe
1 schwarze Limette (aus dem Asialaden)
1 Bund Frühlingszwiebeln
1 Bund Dill
1 Bund Koriander
500 g Blattspinat
200 g längliche Nudeln (z. B. Udon-Nudeln, Spaghetti, Linguine)
2 EL weißer Essig
250 g Sauerrahm oder Joghurt
Salz
Pfeffer

1. Zwiebeln und Knoblauch schälen und in Streifen bzw. dünne Scheiben schneiden. In einem großen Topf das Pflanzenöl erhitzen und darin zunächst den Knoblauch hellbraun rösten und sofort wieder herausnehmen. Er darf nicht zu dunkel werden, da er sonst bitter schmeckt. Die gerösteten Knoblauchzehen auf ein Küchenpapier zum Abtropfen geben und leicht salzen. Sie dienen später der Garnitur.
2. In das gleiche Öl nun die Zwiebelstreifen geben und bei niedriger Hitze ganz langsam rösten. Es kann bis zu 40 Minuten dauern, bis die Zwiebeln goldgelb und zusammengefallen sind. 6 EL der Zwiebelmasse zum Anrichten in einer Schüssel aufbewahren.
3. Die restlichen karamellisierten Zwiebeln im Topf mit Kurkuma und Minze bestäuben. Kurz erneut anbraten, damit die Gewürze ihr Aroma entfalten. Achtung, nicht zu lange, sonst wird die Minze bitter!
4. Nun die abgetropften Hülsenfrüchte zugeben. Alles mit der Brühe aufgießen und die mehrfach eingestochene getrocknete Limette zugeben.
5. Die Frühlingszwiebeln komplett (mit dem Grün) in Ringe schneiden. Zusammen mit grob gehacktem Dill, Koriander und Spinat (ohne Stängel) zur Suppe geben. Die Suppe salzen, pfeffern und 1 Stunde lang kochen lassen. Danach sollten die Hülsenfrüchte weich sein.
6. Jetzt die Nudeln dazugeben und die Suppe weitere 30 Minuten lang kochen. Die Nudeln geben Stärke ab und binden dadurch die Suppe.
7. Das Ganze abschmecken und den Essig nach Geschmack beigeben.
8. Die Suppe in tiefen Schalen anrichten. Die Garniturzwiebeln und den knusprigen Knoblauch obenauf geben. Nach Wunsch mit Sauerrahm oder Joghurt anrichten.

HÄHNCHEN MIT WALNUSS-TAMARINDEN-SAUCE
Fesenjan

Fesenjan ist ein typisch iranisches Gericht mit Geflügel (Ente oder Huhn) in Walnuss-Tamarindensauce mit Granatapfelsirup. Wir kochen eine Abwandlung: Für dieses Rezept wird das ganze Tier verbraucht und es entstehen kaum Abfälle. Es lohnt sich, Zimtrinde zu verwenden, die es im Asialaden oder türkischen Supermarkt gibt. Im Vergleich zur Zimtstange hat sie ein weniger aufdringliches Aroma, das sich gut in die iranische Küche (übrigens auch in viele asiatische Gerichte) einfügt.

FÜR 4 PORTIONEN

1 Hähnchen, Maispoularde o. Ä. (ca. 1200 g)
2 Knoblauchzehen
1 TL schwarzer Pfeffer, grob gemahlen
4 EL Olivenöl
1 Zwiebel, mit Schale, grob geschnitten
1 TL Pfefferkörner
2 Lorbeerblätter
1 TL Salz
2 Zwiebeln, fein gewürfelt
200 g Walnüsse, geröstet
1 TL Kurkuma
1 EL Tomatenmark
2 EL Tamarindenpaste
2 EL Traubensirup (z. B. Pekmez aus dem türkischen Supermarkt, alternativ Honig)
2 Stücke Zimtrinde
1 Stück Ingwer, daumengroß
1 Bio-Orange, entsaftet
2 EL Butter

FÜR DEN REIS

250 g Basmatireis
2 TL Salz
1 EL Butter

FÜR DIE GARNITUR

1 rote Zwiebel, in feine Ringe geschnitten
3 EL weißer Essig
1 Msp. Safranfäden

1. Am Vortag das Hähnchen zerlegen. Dazu mit einem scharfen Messer die Haut zwischen Rumpf und Schenkeln einschneiden. Die Schenkel nach außen drücken und durch das Gelenk ganz abschneiden. Die Schenkel noch einmal in Unter- und Oberschenkel zerteilen. Nun die Brüste mit den Flügeln herausschneiden. Dazu mit dem Messer in kleinen Schnitten am Brustbein entlangschneiden. Die Flügel schließlich abtrennen und die Brüste jeweils halbieren. Die Hähnchenteile mit fein geschnittenen Knoblauchzehen, Pfeffer und 2 EL Olivenöl über Nacht ziehen lassen.
2. Aus der übrig gebliebenen Karkasse (Geripperesten) eine Geflügelbrühe herstellen. Dazu die Karkasse in vier Teile hacken und in 2 l kaltem Wasser mit der Zwiebel, Pfefferkörnern, Lorbeerblättern und etwas Salz aufkochen und mindestens 1 Stunde lang sanft köcheln lassen. Schließlich die Brühe absieben, auf ca. 800 ml reduzieren und aufbewahren.
3. Am Folgetag die Hähnchenteile salzen, in einer Saucenpfanne o. Ä. 2 EL Olivenöl erhitzen und das Fleisch von allen Seiten braun anbraten. Die Hähnchenteile herausnehmen, beiseitestellen und die Zwiebelwürfel in derselben Pfanne goldbraun anschwitzen.
4. Nun die zuvor gerösteten Walnüsse dazugeben und nochmals mit anschwitzen. Mit Kurkuma abstäuben, Tomatenmark dazugeben, kurz mit anbraten und mit der Geflügelbrühe von Schritt 2 ablöschen.
5. Tamarindenpaste, Traubensirup (oder Honig), Zimtrinde und grob geschnittenen Ingwer dazugeben. Den Saft der Orange einrühren und danach die Hähnchenteile sowie die Orangenschale in die Sauce legen. Das Ganze zugedeckt bei 180 °C (Umluft) für 45 Minuten im Ofen schmoren lassen.
6. Nach dem Garen das Hähnchen aus der Sauce nehmen, die Zimtrinde sowie die Orangenschalen entfernen und die Sauce mit der Butter fein pürieren. Das Hähnchen wieder in die Sauce legen und warm halten.
7. **Den Reis** kurz in einem Sieb waschen, um die Trübstoffe zu reduzieren. Mit 375 ml Wasser, Salz und Butter bei hoher Hitze aufkochen und den Reis zugedeckt ca. 20 Minuten lang bei geringer Hitze quellen lassen. Der Reis ist fertig, wenn kein Wasser mehr im Topf steht. Als Faustregel bei Basmatireis gilt: immer 1,5-mal so viel Wasser wie Reis nehmen.
8. **Für die Garnitur** die Zwiebelringe ca. 20 Minuten lang in etwas erhitztem weißem Essig ziehen lassen. So bekommen sie einen milden Geschmack und eine leuchtende Farbe.
9. Erst kurz vor dem Servieren die Safranfäden im Mörser zerreiben und in sehr wenig heißem Wasser kurz ziehen lassen. Die Safranfäden am Schluss über den Reis streuen und mit den roten Zwiebelringen garnieren.

SÜSSE KAROTTENKONFITÜRE

mit Rosenwasser

Der für uns günstige Wechselkurs im Iran ermöglicht es, in gehobenen Hotels zu bezahlbaren Preisen zu übernachten. Am Frühstücksbuffet essen wir uns satt an Eiern, Brot und Käse und wir genießen Karottenkonfitüre mit Rosenwasser.

ERGIBT CA. 5 MARMELADENGLÄSER

- 750 g Karotten, ungeschält, geraspelt
- 250 g Äpfel, ungeschält, geraspelt
- 400 g Zucker
- 2 Bio-Orangen (Saft und Abrieb)
- 1 EL Honig
- 2 EL Rosenwasser
- 25 g Pistazien, gehackt
- 1 Stück Ingwer, daumengroß, geraspelt
- 2 Kardamomkapseln, im Mörser oder mit einem Messerrücken aufgestoßen

1. Karotten- und Apfelraspel in einem großen Topf mit den restlichen Zutaten und 400 ml Wasser mischen und zum Kochen bringen. Danach die Temperatur reduzieren.
2. Die Marmelade für ca. 30 Minuten ohne Deckel sanft köcheln lassen und ständig rühren, damit sie nicht anbrennt. Wenn das Wasser verkocht und eine dicke Masse entstanden ist, ist die Marmelade fertig. Jetzt alles in heiß ausgespülte Marmeladengläser füllen.

Tipp Einfach unter Joghurt rühren als schnelles, erfrischendes Dessert.

REGISTER

Kursive Ziffern verweisen auf Fotos,
fette auf Rezepte.

WIR DANKEN:

David Niel für die Fotos, Matthias Schairer-Penny für seine Entwürfe, Michael Toth und Rouven Hehlert für ihre hilfreichen Verbesserungsideen und Verena Stindl vom Stiebner Verlag für ihre großartige Begleitung. Gernot und Regine Schauren sowie Margret und Georg Wolf möchten wir ebenfalls danken, dass sie unsere Reise unterstützt haben. Wir freuen uns auch über das tolle Layout von Danai Afrati und das Lektorat von Ramona Pingel. Nicht vergessen wollen wir die unzähligen freundlichen und hilfsbereiten Menschen, denen wir unterwegs begegneten. Ohne euch wäre dieses Projekt nicht möglich gewesen!

LIEBE LESER:INNEN,

wir freuen uns, dass wir mit diesem Buch Teil Ihrer kulinarischen Reise sein dürfen. Noch mehr Inspiration, köstliche Anregungen und kreative Erlebnisse finden Sie auf unserer Verlagsseite www.stiebner.com.

Treten Sie mit uns in Kontakt!

Wir sind immer offen für Ihre Anregungen, Wünsche und Kritik – schreiben Sie uns gerne unter **verlag@stiebner.com**.
Da geteilte Freude bekanntlich doppelte Freude ist: Zeigen Sie uns Ihre kulinarischen Kreationen auf Social Media!
Markieren Sie uns mit **@stiebnerverlag** oder nutzen Sie die folgenden Hashtags:
#StiebnerVerlag #StiebnerGenuss #SafranSumachPaprika

Rezepte: Florian Schauren
Reisegeschichten: Nora Görg
Fotografie Rezepte: David Niel, Nora Görg & Florian Schauren
Fotografie Reisebilder: Nora Görg & Florian Schauren, außer Polaroid S. 82: Tobias Schmidt und Berg Ararat S. 159: Gernot Schauren, weitere Ausnahmen s. Bildnachweis (unten)
Autorenporträts (Coverrückseite und S. 3): David Niel
Karten-Illustrationen und erster Layout-Entwurf: Matthias Schairer-Penny
Projektleitung: Dr. Verena Stindl
Cover und Layout: Danai Afrati
Lektorat: Ramona Pingel
Gedruckt bei Polygraf print, Slowakei

ISBN 978-3-8307-1068-4

Bibliografische Information der Deutschen Nationalbibliothek:
Die Deutsche Nationalbibliothek verzeichnet diese Publikation in der Deutschen Nationalbibliografie; detaillierte bibliografische Daten sind im Internet über http://dnb.dnb.de abrufbar.

Die Informationen und Rezepte in diesem Buch wurden von den Autor:innen und den Mitarbeiter:innen des Verlags sorgfältig geprüft. Eine Garantie wird jedoch nicht übernommen. Autor:innen und Verlag können für eventuell auftretende Schäden nicht haftbar gemacht werden. Wir produzieren unsere Bücher mit großer Sorgfalt und Genauigkeit. Trotzdem lässt es sich nicht ausschließen, dass uns in Einzelfällen Fehler passieren. Auf unserer Webseite finden sich bei dem jeweiligen Titel eventuelle Korrekturen (Errata). Sollten Sie in diesem Buch einen Fehler finden, so bitten wir um einen Hinweis an verlag@stiebner.com. Für solche Hinweise sind wir sehr dankbar, denn sie helfen uns, besser zu werden.

www.stiebner.com

Bildnachweis

Coverbild Brayden, Vorsatz/Nachsatz Art Stocker, 2 li. nicknick_ko, 6/7 bennytrapp, 9 M. re. pitrs, 10 Andrei Nekrassov, 11 M. re. romy mitterlechner, 13 re. focus finder, 22/23 Andrii Marushchynets, 25 o. adonis_abril, 28 o. alsem, 35 Melica, 36/37 Sergii Figurnyi, 38/39 o. CCat82, 39 li. Dejan Gileski, 39 re. Petia, 40 Fabio Nodari, 41 o. re. Aissa Haffar, 41 u. Andrey Shevchenko, 42 Root-Couture, 43 o. re. thk_hiro, 43 M. re. Daria Mladenovic, 48/49 EdVal, 50 hdesislava, 54 o. Chouk, 55 li. nikolay100, 55 re. Esin Deniz, 62/63 Emrah Akyldiz, 67 u. li. anemone, 67 u. re. Alexe, 80/81 hecke71, 83 re. pfongabe33, 86 o. Alexe, 86 u. AB-7272, 87 u. Dieter Meyer, 94/95 Tanouchka, 96 li. Iurii Gagarin, 96 re. frimufilms, 97 o. natalyamatveeva, 97 M. Julian, 97 u. Alexe, 99 re. visualpower, 106/107 phant, 109 o. li. Natalia Shcherbakova, 109 o. re. Travel Faery, 109 M. Solarisys, 111 u. Rinitka, 120/121 sergejson, 129 u. re. OlegD, 140/141 Mikayil, 145 u. Eva, 147 o. re. vicusechka89, 154/155 Kosim, 158 snaptitude, 159 M. re. Elena Arsenteva, 160 o. snaptitude, 160 u. haenson, 161 o. re. Jrgen, 161 M. li. Suzanne Plumette, 161 M. re. transfers-film, 168/169 Julien Leblay, 170 o. li. Cihangir Zeybek, 171 o. Elena Odareeva, 172 zeynurbabayev, 173 o. li. Fotema, 173 o. re. renatados, 173 M. li. Wolf, 173 M re. musa_smsk, 173 u. Marcel, 175 li. transfers-film (alle stock.adobe.com); 9 u. © Koppi2 / CC BY 1.2, 161 o. li. © GeoO / CC BY 4.0